당신을 위한 스페셜 메뉴

한입에 브런치

요리 **박건영**(중식)·**김봉경**(한식)·**선보성**(양식)·**김다영**(일식)

수작 걸다

<한입에 브런치> 책 보기 설명서

1 중식·한식·양식·일식
4명의 셰프가 나섰다

브런치 하면 어떤 메뉴들이 떠오르나요? 와플, 팬케이크, 파스타… 유명하다는 브런치 카페의 히트 메뉴 역시 죄다 서양 요리입니다. 여기 4명의 셰프가 천편일률적인 브런치 메뉴에 색다른 제안을 합니다. 때로는 정갈하게, 때로는 화려하게 브런치를 즐기고픈 당신을 위한 스페셜 메뉴! 중식·한식·양식·일식 브런치 메뉴를 집중적으로 소개합니다.

2 브런치 곁들임 메뉴부터
음료까지, 총망라

일주일치 저장용 반찬을 만들듯 브런치용 서브 메뉴를 미리 준비해보세요. 메인메뉴 외에도 함께 곁들일 서브메뉴와 마시기 좋은 음료를 소개했습니다. 4명의 셰프가 알려주는 다양한 방법으로 당신의 브런치 식탁을 바꿔보세요. 메뉴별로 소개되는 알짜배기 핵심 쿠킹 팁도 놓치지 마세요!

3 일러두기 ▸▸▸
재료 및 분량 기준

- ▸ 모든 메뉴는 2인 기준입니다.
- ▸ 2인 기준 밥은 2공기(400g)입니다.
- ▸ 컵은 계량컵 기준으로 하였습니다.
- ▸ 계량컵 1컵=종이컵 1과1/9컵입니다.
- ▸ 양념류는 계량스푼 기준으로 하였습니다.
- ▸ 계량스푼 고추장 1큰술=밥숟가락 수북이 1큰술
- ▸ 계량스푼 생크림 1큰술=밥숟가락 1과1/3큰술
- ▸ 계량스푼 간장 1큰술=밥숟가락 1과1/3큰술
- ▸ 채소는 중간 크기, 1개 기준 200g입니다.
- ▸ 당근·애호박·감자·양파 1개씩=200g
- ▸ 부추·미나리·맛타리버섯 1줌씩=50g
- ▸ 대파 1줄=40cm, 마늘 1쪽=5g

CONTENTS

PART 1
재료도 조리법도 다이내믹 식탁
중식 브런치

홍콩식토스트 ›› **14P**

오븐에 구운 멘보샤 ›› **16P**

부추전병 ›› **17P**

달걀말이튀김 ›› **18P**

양상추쌈 ›› **20P**

새우딤섬 ›› **21P**

채소에그면볶음 ›› **22P**

토마토달걀볶음 ›› **24P**

토마토연두부샐러드 ›› **25P**

쇠고기완자달걀죽 ›› **28P**

닭고기냉채 ›› **30P**

산라탕 ›› **31P**

튀긴 모둠채소오리엔탈샐러드 ›› **32P**

해물누룽지볶음 ›› **33P**

라자냐면을 이용한 마파밥 ›› **34P**

INFO-1 중식 브런치 곁들임 메뉴 ›› **36P**

INFO-2 중식 브런치 사이드 음료 ›› **38P**

고추장제육퀘사디아 ›› 44P
백설기달걀오이샌드위치 ›› 46P
매콤감자달걀피자 ›› 47P
호박달걀부침길거리토스트 ›› 48P
두부면흑임자샐러드 ›› 50P
청포묵된장들기름샐러드 ›› 51P
검은콩범벅샐러드 ›› 52P
두부밥스테이크 ›› 56P
구절판비빔밥 ›› 58P
새우달걀밥찜 ›› 59P
쑥갓고기국수 ›› 60P
토마토곤약비빔면 ›› 61P
황태채비빔쫄면 ›› 62P
옥수수타락죽 ›› 64P
현미밤죽 ›› 65P
INFO-1 한식 브런치 곁들임 메뉴 ›› 66P
INFO-2 한식 브런치 사이드 음료 ›› 69P

PART 2

편안하고 격조 있는 식탁

한식 브런치

CONTENTS

PART 3

스테디 메뉴로 차린 식탁
양식 브런치

토마토가지부루스게타 ›› 74P

단호박크림수프 ›› 76P

브로콜리수프 ›› 77P

햄치즈프리타타 ›› 78P

게살새우타코 ›› 80P

에그베네딕트 ›› 82P

파니니투나샌드위치 ›› 83P

렌틸콩샐러드 ›› 86P

아란치니 ›› 88P

푸실리샐러드 ›› 89P

갈릭버섯리조또 ›› 90P

토마토치즈오믈렛 ›› 92P

바질페스토스파게티 ›› 93P

미니두부버거 ›› 94P

미니모둠피자 ›› 95P

가지라자냐 ›› 96P

INFO-1 양식 브런치 곁들임 메뉴 ›› 98P

INFO-2 양식 브런치 사이드 음료 ›› 100P

PART 4

심플해서 더 빛나는 식탁
일식 브런치

모찌오꼬노미 ›› 104P

모찌토스트 ›› 108P

감자오믈렛 ›› 109P

포켓샌드위치 ›› 110P

양배추그릴샐러드 ›› 111P

달걀크레이프 ›› 112P

채소해장라면 ›› 116P

담백야끼소바 ›› 118P

샤브샤브카레우동 ›› 119P

바삭연어구이 ›› 120P

구운 마샐러드 ›› 122P

채소찜과 현미밥 ›› 123P

단호박두유수프 ›› 124P

고구마죽 ›› 125P

알 품은 유부주머니 ›› 126P

INFO-1 일식 브런치 곁들임 메뉴 ›› 128P

INFO-2 일식 브런치 사이드 음료 ›› 130P

중국에는 '얌차'라는 브런치 문화가 있습니다.
딤섬 등의 간단한 요리에 차를 함께 즐기는 걸 일컫는데,
유럽의 애프터눈티가 오후에 즐기는 간식이라면
얌차는 오전에 즐기는 간단한 한 끼 식사를 의미하지요.
튀기고, 굽고, 쪄서 만드는 다이내믹한 요리에
입안을 개운하게 해주는 각종 차를 곁들입니다.

한 입 에 브런치 **PART 1**

재료도 조리법도 다이내믹 식탁

중식 브런치

박건영 중식 셰프의 가이드
중식 브런치의 핵심

MAIN 튀기고, 찌고, 굽고!
중식 브런치의 메인요리는 다소 열량이 높은 편이지요. 주로 밀가루 요리를 즐기는데 기름에 튀긴 꽈배기 모양의 류타오부터 찜기에 쪄낸 딤섬까지 다양합니다.

SUB 채소로 튀지 않는 메뉴 구성
중식에서는 밥, 반찬의 구분 없이 '1 메뉴 1 그릇'이 원칙입니다. 다만 서브메뉴는 비주얼부터 맛까지 메인요리에 튀지 않도록 만들지요. 오이, 당근, 토마토, 감자, 가지 등을 채썰어 간이 세지 않게 볶아내요.

SAUCE 배합으로 만들어내는 새로운 맛과 향
중식에 쓰이는 조미료와 향신료는 셀 수 없이 다양합니다. 기름은 대파, 마늘, 생강 등 '향채'를 볶아 향을 입혀 쓰고, 두반장과 노간마 등의 장이나 소스 역시 배합해 사용합니다.

DRINK 브런치의 시작과 끝, 차
차는 선택이 아닌 필수입니다. 정식의 경우 애피타이저부터 본식, 디저트에 이르기까지 차가 빠지지 않지요. 아침에는 두유, 우유 등도 즐겨 마십니다. 항상 차를 곁들여 식탁의 밸런스를 맞추지요.

짜사이무침

양상추쌈

나이차

두유

땅콩조림

오븐에 구운 멘보샤

똥랭차
P 038

홍콩식토스트

겉과 속이 촉촉한 토스트예요. 달달하면서도 향긋한 바닐라향의 커스터드크림이 입안에서 살살 녹지요. 커스터드크림은 조금 넉넉히 만들어 냉장보관해 3~4일 사용하세요. 10분이면 뚝딱 토스트를 만들어낼 수 있답니다. 달걀과 버터, 밀가루를 섞어 만드는 커스터드크림은 중탕으로 잘 섞어가며 만들어야 한결 부드럽답니다.

식빵 8장, 달걀 4개, 식용유 6큰술
커스터드크림 달걀노른자 3개, 바닐라빈 1/2개, 설탕 3과1/3큰술, 버터·밀가루 1큰술씩, 감자전분 2작은술, 소금 약간, 우유 1과1/4컵

1. 바닐라빈은 반 갈라 설탕을 묻혀 비벼가며 씨앗을 분리한다. 볼에 달걀노른자, 바닐라빈 씨앗, 설탕, 버터, 밀가루, 감자전분, 소금을 섞는다.
2. 팬에 ❶과 우유를 부은 뒤 끓는 물의 냄비에 중탕하듯 올려 중간 불에서 5분 정도 저어가며 되직하게 만든다.
3. ❷를 직화불로 옮겨 한 번 더 끓여 커스터드크림을 완성해 냉장실에 보관한다.
4. 식빵 한쪽 면에 커스터드크림을 바른 뒤 다른 한 장으로 덮는다.
5. 달걀 4개를 풀어 식빵 전체에 푹 입힌다.
6. 팬에 식용유를 둘러 달걀물 입힌 토스트를 앞뒤로 굽는다.

나이차
P 039

오이피클
P 036

중식 요리의 애피타이저인 멘보샤는 중국식 새우토스트예요. 얇은 식빵 사이에 다진 새우살을 넣어 바삭하게 튀겨냅니다. 오븐을 이용하면 담백한 맛을 낼 수 있습니다.

오븐에 구운 멘보샤

식빵 6장, 새우살 300g
새우 밑간 달걀흰자 1개분,
치킨파우더 · 감자전분
1/2작은술씩,
소금 1/5작은술,
후춧가루 약간

1. 볼에 달걀흰자와 치킨파우더, 감자전분, 소금, 후춧가루를 넣어 새우 밑간을 준비한다.
2. 새우살은 잘게 다져 ❶에 밑간한다.
3. 식빵은 테두리를 잘라내고 한입크기로 4등분한다.
4. 식빵 위에 밑간한 새우살을 얹고 다른 식빵을 덮어 멘보샤를 준비한다.
5. ❹의 멘보샤를 150℃로 예열한 오븐에 넣어 5분간 구워낸다. 오이피클 등의 서브메뉴와 함께 낸다.

예열된 오븐에서 단시간에 구워내는 게 포인트

빵의 바삭함을 느끼려면 반드시 예열한 오븐에서 구워내세요. 고온에서 단시간에 구워내는 게 핵심입니다. 겉은 바삭하고 속은 촉촉한 요리가 완성되어요.

셀러리무침
P 036

진한 향이 식욕을
돋우는 부추와
영양만점 달걀로
만든 전병입니다.
빵 속에 부추와
달걀을 채워 영양은
물론 맛도 좋습니다.
부추의 향이 입안
가득 전해져 상큼한
브런치 메뉴로
제격입니다.

부추전병

중국부추 1/3단,
달걀 3개, 치킨파우더
1/2작은술, 소금
1/3작은술, 후춧가루 조금
반죽 밀가루 3컵,
끓인 물 1컵, 소금 약간
파기름(1컵 분량)
식용유 1컵, 대파 1/3줄,
양파 1/10개, 생강편 2쪽

1. 밀가루에 약간의 소금을 넣고 익반죽해 비닐 팩에 넣어 30분간 숙성시킨다.
2. 파기름용 대파는 반 갈라 5cm 길이로 썰고 양파는 0.5cm 두께로 썬다. 냄비에 식용유와 재료 모두 넣고 끓이다 대파가 갈색이 되면 불을 끄고 식혀 채반에 밭쳐 파기름을 받는다.
3. 중국부추는 2cm 길이로 썬다.
4. 팬에 파기름 3큰술을 두르고 달걀물을 풀어 스크램블하듯 볶다가 중국부추, 치킨파우더, 소금, 후춧가루 순으로 볶는다.
5. ❶의 반죽을 치대어 지름 5cm 크기로 나눠서 밀대로 밀어 전병을 만든다.
6. 전병을 도마에 넓게 편 뒤 ❹의 속재료를 넣고 반 접는다. 팬에 파기름 1큰술을 둘러 부추전병을 앞뒤로 구워낸다.

왼손으로 반죽을 잡고 돌려야 얇은 전병이 만들어져

전병 요리에서 가장 중요한 과정은 반죽을 얇게 만드는 일이지요. 왼손으로 반죽을 잡고 돌려가며 밀대를 밀어야 반죽이 얇게 펴진답니다.

달걀말이튀김

대표적인 중국 설날 음식으로 '자춘권'으로 불리는 요리예요. 송나라 때 한 여인이 끼니까지 거르며 지나치게 공부에 열중하는 남편을 위해 만든 요리라고 전해집니다. 달걀지단에 고기, 해물, 여러 채소를 넣고 튀겨 채소를 좋아하지 않는 아이들에게도 좋은 한 끼 식사가 되어주지요. 매콤한 채소볶음을 곁들이면 더 맛납니다.

달걀 6개, 쇠고기 홍두깨살 50g, 알새우 8마리, 표고버섯 2개, 새송이버섯·양파 1개씩, 부추 2줄, 죽순 1/2개, 당근 1/4개, 식용유 3큰술, 치킨파우더 1작은술, 노두유 1/2작은술, 참기름·소금·후춧가루 약간씩, 튀김용 기름 5컵
녹말물 전분 2작은술, 물 2큰술
쇠고기 양념 달걀물·청주 1작은술씩, 전분·굴소스 1/2작은술씩, 간장 1/3작은술, 생강즙·후춧가루 약간씩
향내기 파기름 1큰술, 대파 1/4줄, 마늘 2쪽, 다진 생강 약간, 굴소스 2작은술, 간장 1작은술, 청주 1/2작은술
밀가루풀 밀가루 1작은술, 물 1큰술

1. 달걀은 녹말물 2작은술과 약간의 소금을 넣고 풀어 지름 25cm 크기로 지단을 부친다.
2. 쇠고기 홍두깨살은 4cm 길이로 얇게 채썰어 양념한 후 식용유 3큰술을 넣고 달군 팬에서 볶는다.
3. 알새우는 뜨거운 물에 살짝 데치고 표고버섯, 새송이버섯, 양파, 부추, 죽순, 당근도 4cm 길이로 채썬다.
4. 대파는 반 갈라 2.5cm 길이로 썰고 마늘은 편썰어 팬에 파기름 P 017 참고을 둘러 다진 생강과 볶다가 청주, 간장, 굴소스를 넣고 볶는다.
5. ❹에 볶은 쇠고기 홍두깨살과 ❸의 데친 알새우, 채소를 넣고 볶다가 치킨파우더, 노두유, 참기름, 후춧가루를 더해 볶는다. 마지막에 남은 녹말물 1큰술을 넣어 농도를 맞추고 차갑게 식힌다.
6. ❶의 지단 위에 ❺를 얹고 지단 끝에 밀가루풀을 발라 춘권처럼 싼다. 180℃로 달군 기름에 겉이 바삭해질 때까지 튀겨 먹기 좋게 잘라 접시에 담는다.

국화차
P.038

아삭한 채소에
쫄깃한 고기볶음,
바삭한 튀김 생면을
곁들인 요리입니다.
달콤하면서도
감칠맛 나는
해선장을
딥핑소스로 더하니
부족함이 없지요.
고소한 땅콩튀김과
함께 냅니다.

양상추쌈

생면 40g, 다진 쇠고기 60g, 양상추 1/2통, 표고버섯 1개, 새송이버섯·양파 1/2개씩, 죽순 1/4개, 셀러리 1/3대, 대파 1/4줄, 마늘 3쪽, 다진 생강 약간, 파기름 3큰술, 굴소스 2작은술, 청주 1작은술, 간장·치킨파우더·노두유 1/2작은술씩, 해선장 1/3작은술, 후춧가루·참기름 약간씩, 튀김용 기름 3컵
다진 쇠고기 밑간 달걀 1작은술, 청주 1/2작은술, 전분·굴소스 1/3작은술씩, 간장 1/5작은술, 생강즙 약간
녹말물 전분 1작은술, 물 1큰술

1. 생면은 180℃로 달군 기름에 튀겨 잘게 부순다.
2. 다진 쇠고기는 밑간한다.
3. 양상추는 먹기 좋게 사방 6~7cm 크기로 잘라 찬물에 담근다. 표고버섯과 새송이버섯, 양파, 죽순, 셀러리, 대파, 마늘은 사방 0.3cm 크기로 잘게 썰어놓는다.
4. 팬에 파기름 P 017 참고 을 두르고 밑간한 다진 쇠고기를 넣고 볶다가 양상추를 제외한 ❸의 채소, 다진 생강, 청주, 간장, 굴소스, 치킨파우더, 노두유, 후춧가루를 더해 볶는다. 녹말물로 농도를 맞춰 참기름을 살짝 둘러 마무리한다.
5. 양상추 위에 ❹를 얹고 ❶의 잘게 부순 생면을 뿌려 해선장과 함께 싸 먹는다.

**채소는 다지지 말고
잘게 썰어야 풍미가 좋아져**

쌈에 넣는 채소는 다지기보다 잘게 썰어야 식감도 살고 서로 어우러져 풍미가 좋아져요. 쌈 채소인 양상추가 없다면 로메인으로 대신해도 좋아요.

베이징의 대표메뉴 '샤오마이'는 새우, 양파, 소금, 후춧가루 등을 얇은 피에 넣고 쪄낸 만두입니다. 윗부분을 봉하지 않고 꽃모양으로 빚어 꽃만두, 꽃딤섬으로도 불리지요. 살짝 구운 애호박과 곁들여도 좋습니다.

새우딤섬

알새우 8~10마리,
만두피 1팩
만두 소 새우살 500g,
감자전분 2/3큰술,
치킨파우더 · 파기름 ·
참기름 2/3작은술씩,
소금 1/5작은술,
후춧가루 약간
맛간장 닭육수 3큰술,
진간장 1큰술,
노두유 2/3큰술,
굴소스 1작은술,
피시소스 1/2작은술,
설탕 1/5작은술

1. 새우살은 잘게 다져 볼에 넣고 감자전분, 치킨파우더, 파기름 P 017 참고, 참기름, 소금, 후춧가루를 버무려 만두 소를 만든다.
2. 만두피는 낱장으로 떼어둔다. 밀대로 밀어 더 얇게 준비해도 좋다.
3. 준비한 만두피에 ❶의 속재료를 넣고 위쪽을 주름지게 모양을 만들고, 알새우를 그 위에 올린다.
4. ❸을 찜기에 올려 7분간 쪄낸다.
5. 맛간장을 만들어 함께 곁들인다.

만두에 토핑 재료를 얹어 시각효과 높이기

만두의 꽃모양 위에 토핑 재료를 얹어주세요. 만두 속재료에 들어간 재료를 원형 그대로 올리면 만두의 맛을 시각적으로 전달할 수 있지요. 애호박 슬라이스 등으로 세팅해도 예뻐요.

채소에그면볶음

달걀이 들어간 에그면을 신선한 채소와 볶아낸 중국식 면요리예요. 조금씩 남아 있는 자투리 채소를 활용하기 좋지요. 충분히 달군 팬에 기름을 입혀 단시간에 볶아야 재료가 가진 고유의 맛과 색, 향을 살릴 수 있답니다.

에그면 2봉지, 목이버섯 5개, 표고버섯 1개, 새송이버섯 · 양파 1/2개씩, 청피망 · 홍피망 1/4개씩, 치킨파우더 · 노두유 1/2작은술씩, 후춧가루 · 참기름 약간씩
닭육수(1/2컵 분량) 닭뼈 50g, 대파 1/3줄, 생강편 1쪽, 물 2컵
향내기 파기름 2큰술, 대파 1/8줄, 마늘 2쪽, 다진 생강 조금, 굴소스 1작은술, 청주 1/2작은술, 간장 1/3작은술

1. 냄비에 닭육수 재료를 넣고 센 불에서 끓이다 한소끔 끓으면 약한 불에서 20분 끓여 체에 밭친다.
2. 목이버섯은 손으로 적당한 크기로 뜯고 표고버섯과 새송이버섯, 양파, 피망은 길이 4cm, 두께 0.3cm로 채썬다.
3. 대파는 반으로 갈라 2.5cm 길이로 썰고, 마늘은 편썰어 다진 생강과 섞어 파기름 ᴾ⁰¹⁷참고을 두른 팬에 넣어 볶다가 청주, 간장, 굴소스를 넣어 향을 낸다. ❷를 넣고 재료가 익을 때까지 볶는다.
4. ❸의 팬에 ❶의 닭육수 2큰술을 넣고 치킨파우더와 노두유, 후춧가루로 간을 한다.
5. 에그면을 끓는 물에 넣어 2/3 정도 익게끔 가볍게 삶는다. 노란색 물이 빠져나오면 채반에 건져 찬물에 한 번 헹군다.
6. 찬물에 헹군 에그면을 ❹에 넣고 살짝 볶은 뒤 약간의 참기름을 둘러 마무리한다.

중국인들이 멸치볶음만큼이나 즐겨먹는 가정식 요리입니다. 토마토와 달걀만 있으면 뚝딱 만들 수 있어 브런치 식탁에 올리기 좋지요. 토마토의 새콤함이 입맛을 돋우고 영양가도 풍부합니다.

토마토달걀볶음

토마토 2개, 달걀 8개,
토마토케첩 2작은술,
설탕·치킨파우더
1작은술씩, 소금
2/3작은술, 파기름 1컵

1. 토마토는 끓는 물에 살짝 데쳐 껍질을 벗겨 8등분한다.
2. 볼에 달걀 8개를 모두 풀어 흰자와 노른자를 잘 섞는다.
3. 팬에 파기름 P 017 참고 1컵을 붓고 달걀물을 부어가며 스크램블에그를 만든 뒤 ❶의 8등분한 토마토를 넣는다.
4. ❸에 토마토케첩, 설탕, 치킨파우더, 소금을 넣고 토마토가 익을 때까지 볶아 접시에 담아낸다. 중국식 찐빵 만토우와 곁들이면 더 맛난다.

스크램블에그는 넉넉한 기름에서 90%만 익혀야

스크램블에그를 만들 때 기름이 적으면 달걀이 푸석해지거나 타기 쉽습니다. 달걀물 1컵에 기름 1/2컵이 적당합니다. 160~170℃로 달군 기름에 달걀물을 부어 재빨리 국자로 돌려가며 90% 정도만 익혀주세요.

건강한 맛에
포만감도 있어
한 끼 식사로
즐기기 좋은
샐러드이지요.
연두부와 토마토를
하나씩 번갈아
올리고 소스를
뿌려내면 마치
카프리제샐러드를
먹는 기분이랍니다.

토마토연두부샐러드

연두부 2모, 토마토 1개,
대파 3/4줄, 청양고추
3개, 마늘 5쪽,
다진 생강 약간
소스물 대파 1/4줄,
양파 1/4개, 생강 1쪽,
파기름 1큰술, 설탕 1컵,
식초·간장 1/2컵씩

1. 소스물용 대파와 양파, 생강은 3등분해 파기름 P 017 참고 을 두른 팬에서 볶다가 설탕, 식초, 간장을 넣고 끓인다. 한김 식혔다가 체에 밭쳐 소스물만 받아놓는다.
2. 연두부는 끓는 물에 한 번 데쳐 찬물에 식혔다가 슬라이스한다.
3. 토마토는 끓는 물에 살짝 데쳐 껍질을 벗기고 슬라이스한다.
4. 슬라이스한 연두부와 토마토를 접시에 하나씩 번갈아가며 올린다.
5. 대파, 청양고추, 마늘을 잘게 썰어 ❶의 소스물에 다진 생강과 함께 섞는다.
6. 소스가 완성되면 ❹의 접시에 부어 완성한다. 송화단(삭힌 오리알)과 곁들여도 잘 어울린다.

소스물은 따로 만들어야 풍미가 깊어져

샐러드용 소스물은 채소를 볶다가 설탕, 식초, 간장을 끓여 준비하세요. 채소를 볶을 때는 태우지 말고 푹 익을 때까지 볶아야 본연의 맛이 소스와 잘 어우러져요.

산라탕

해물누룽지볶음

튀긴 모둠채소
오리엔탈샐러드

멸치볶음
P 036

쇠고기완자달걀죽

온 가족이 가볍게 즐기기 좋은 한 그릇입니다. 부드럽고 자극적이지 않아 컨디션이 좋지 않은 날에도 먹기 좋지요. 죽에 올리는 완자는 쇠고기 대신 돼지고기나 닭고기, 새우, 버섯 등으로 만들어도 됩니다. 완자는 미리 익혔다가 넣어야 죽이 깔끔하게 완성된답니다.

불린 멥쌀 100g, 다진 쇠고기 150g, 달걀노른자 2개, 참기름 1작은술, 소금 2/3작은술
닭육수(6컵) 닭뼈 300g(1마리), 대파 2줄, 생강편 1줌, 물 20컵
다진 쇠고기 밑간 달걀물 1작은술, 청주 · 굴소스 · 간장 · 전분 · 생강즙 1/2작은술씩, 설탕 1/4작은술

1. 냄비에 닭육수 재료를 넣고 센 불에서 끓이다 한소끔 끓으면 약한 불에서 1시간 끓여 체에 밭친다.
2. 다진 쇠고기는 분량의 재료를 섞어 밑간해 지름 2.5cm 크기의 완자로 빚는다.
3. 끓는 물에 ❷의 쇠고기 완자를 넣고 끓이다 완자가 떠오르면 건져낸다.
4. 물에 4시간 불린 멥쌀은 체에 밭쳐 물기를 제거한 뒤 참기름을 두른 팬에 쌀알이 부서질 때까지 볶는다.
5. ❹에 닭육수 3컵을 붓고 팬 바닥이 눌어붙지 않게 휘휘 저어가며 끓인다. 한소끔 끓으면 남은 닭육수 3컵을 붓고 끓여 죽이 얼추 완성되면 익힌 쇠고기 완자와 소금을 넣고 살짝 끓인다.
6. 그릇에 담아 달걀노른자를 얹어 참기름을 둘러 완성한다.

사천지방의 유명한
냉채요리입니다.
닭고기를 삶아
방망이로 팡팡
때려 고기를
부서지게 만든다
하여 '팡팡지'라고
불리지요. 오늘은
땅콩 소스 대신
토마토 소스와
고추기름으로
매콤달콤새콤하게
만들었습니다.

닭고기냉채

닭가슴살 1쪽(100g),
오이 1개

닭고기 삶는 물 대파 1줄,
생강편 1쪽, 청주 2큰술,
물 4컵

토마토 소스 토마토 1/2개,
셀러리 1/2대, 양파 1/4개,
마늘 3쪽, 토마토케첩
5큰술, 설탕 3큰술,
고추기름 2큰술, 두반장
1큰술, 소금 약간

1. 물 4컵과 대파, 생강, 청주를 넣고 끓인 물에 닭가슴살을 넣고 30분 정도 삶는다. 닭가슴살을 꺼내 식힌 후 방망이로 때려 먹기 좋게 찢는다.
2. 오이는 깨끗이 씻어 채썬다.
3. 소스용 토마토는 껍질과 씨를 제거한 후 셀러리와 양파, 마늘과 함께 사방 0.3cm 크기로 잘게 썬다.
4. ❸에 토마토케첩, 설탕, 고추기름, 두반장, 소금을 넣어 소스를 만들어 냉장보관한다.
5. 접시에 채썬 오이를 깔고 그 위에 먹기 좋게 찢은 닭가슴살을 올리고 토마토 소스를 부어 완성한다.

닭고기는 방망이를 두드려야 육질이 부드러워져

삶은 닭고기는 먹기 좋은 크기로 찢기 전에 방망이로 두드려주세요. 그러면 닭고기가 한결 부드러워져 퍽퍽한 닭가슴살이 더 맛있어진답니다. 소스는 먹기 직전에 뿌리세요.

땅콩조림
P 036

식초의 신맛에 고추와 후춧가루의 매운맛을 섞은 수프입니다. 중국 어디서든 즐길 수 있는 해장용 수프이지요. 처음 맛보면 색다른 맛에 놀라지만 곧 생각나는 중독성 강한 음식이에요.

산라탕

쇠고기 홍두깨살 50g, 표고버섯·청양고추·홍고추 1/2개씩, 팽이버섯 1/4개, 대파 1/8줄, 연두부 1/5모, 달걀노른자·식초 1큰술씩, 고추기름·굴소스 2작은술씩, 치킨파우더·후춧가루 1작은술씩, 소금 1/3작은술, 식용유 3큰술
닭육수(2컵) 닭뼈 150g, 대파 1줄, 생강편 2쪽, 물 5컵
쇠고기 양념 달걀 1/4개, 식용유 1작은술, 청주 1/2작은술, 간장·굴소스 1/3작은술씩, 생강즙·후춧가루 약간씩
녹말물 전분 1큰술, 물 2큰술

1. 냄비에 닭육수 재료를 넣고 센 불에서 끓이다 한소끔 끓으면 약한 불에서 30분 끓여 체에 밭친다.
2. 표고버섯, 청양고추, 홍고추, 대파는 4cm 길이로 얇게 채썬다. 팽이버섯은 밑동만 자르고 연두부는 사방 0.2cm 크기로 썬다.
3. 쇠고기 홍두깨살도 채소와 같은 크기로 썰어 양념에 버무려 식용유 3큰술을 두른 팬에서 볶는다.
4. 냄비에 준비한 닭육수 2컵과 ❷의 채소, ❸의 볶은 홍두깨살, 연두부, 식초, 굴소스, 치킨파우더, 소금, 후춧가루를 넣고 끓이다 녹말물로 농도를 맞추고 불을 끈다.
5. ❹에 달걀노른자 1큰술을 넣고 휘젓고 먹기 직전에 고추기름을 더한다.

식초와 후춧가루 비율은 1큰술 : 1작은술

산라탕의 핵심은 육수와 식초, 후춧가루에 있지요. 기본 비율은 닭육수 2컵에 식초 1큰술, 후춧가루 1작은술이 적당합니다. 닭육수를 사용하면 깊은 맛이 납니다.

시미로 망고주스
P 039

아삭한 식감과 짭조름한 소스가 어우러진 든든한 샐러드입니다. 채소를 튀기면 항산화 효과가 더 높아지지요. 입안을 가셔줄 차 한 잔과 곁들여 드세요.

튀긴 모둠채소오리엔탈샐러드

그린빈스 7개, 아스파라거스 3대, 죽순·당근 1/3개씩, 목이버섯 5개, 양송이버섯·초고버섯·청경채 2개씩, 표고버섯 1개, 새송이버섯 1/2개, 배추잎 2장, 브로콜리 4송이, 튀김용 기름·4컵 닭육수(1과 1/2컵) 닭뼈 150g, 대파 1줄, 생강편 2쪽, 물 5컵 간장 소스 셀러리잎 2장, 고수 1줄기, 대파 1/8줄, 마늘 1쪽, 다진 생강 약간, 간장 2큰술, 굴소스·노두유 1큰술씩, 피시소스 1작은술, 치킨파우더 1/2작은술, 설탕 1/3작은술, 후춧가루·참기름 약간씩

1. 냄비에 닭육수 재료를 넣고 센 불에서 끓이다 약한 불에서 30분 끓여 체에 받친다.
2. 그린빈스와 아스파라거스는 4cm 길이로 썰어 목이버섯, 청경채, 브로콜리와 함께 끓는 물에 데쳐 준비한다.
3. 양송이버섯, 초고버섯, 표고버섯은 반 갈라 썰고 죽순, 당근, 새송이버섯, 배추잎은 길이 4cm, 폭 2.5cm으로 썬다. 팬에 기름을 붓고 5분간 튀긴다.
4. 냄비에 분량의 간장 소스 재료와 닭육수 1과 1/2컵을 넣고 끓여 한숨 식혔다가 체에 받쳐 간장 소스를 준비한다.
5. 접시에 ❷의 데친 채소와 ❸의 튀긴 채소를 담은 뒤 ❹의 간장 소스를 부어낸다.

튀김용 채소와 데침용 채소를 나눠야
염장이나 통조림 처리된 섬유질이 단단한 질긴 채소들은 기름에 튀기고, 수분이 많고 부드러운 채소는 물에 데쳐주세요. 채소를 너무 오래 튀기면 질겨질 수 있으니 180℃ 기름에 5분 정도 튀겨주세요.

셀러리무침
P 036

짜사이무침
P 036

고소한 누룽지에
제철해물로 맛을 낸
해물볶음요리입니다.
접시에 튀겨낸
누룽지를 먼저
담고 해물 소스를
부어주면 타다타닥
재미있는 소리가
납니다. 먹기 전부터
식욕을 당기지요.

해물누룽지볶음

찹쌀 누룽지 6개,
오징어·해삼 1/2마리씩,
새우 6마리, 관자 4개,
양송이버섯 2개, 표고버섯·
청경채 1개씩, 죽순·청피망
· 홍피망 1/4개씩, 브로콜리
4송이, 치킨파우더· 노두유
1작은술씩, 참기름 · 후춧가루
약간씩, 튀김용 기름 2컵
닭육수(1과1/2컵) 닭뼈 150g,
대파 1줄, 생강편 2쪽, 물 5컵
향내기 파기름 4큰술, 대파
1/8줄, 마늘 2쪽, 다진 생강
약간, 굴소스 2작은술, 청주
· 간장 1작은술씩
녹말물 전분 2작은술,
물 2큰술

1. 냄비에 닭육수 재료를 넣고 센 불에서 끓이다 약한 불에서 30분 끓여 체에 밭친다.
2. 찹쌀 누룽지는 180℃로 달군 기름에 튀긴다.
3. 양송이버섯, 표고버섯, 죽순은 0.5cm로 편썰고 청경채는 줄기만 사용한다. 피망은 4×2cm로 썰고 브로콜리 송이는 적당히 자른다.
4. 오징어는 깨끗이 손질하여 칼집을 넣어 3×5cm로 썰고 끓는 물에서 해삼, 새우, 관자, ❸의 버섯과 죽순, 청경채와 함께 데친다.
5. 대파는 반 갈라 2.5cm 썰고, 마늘은 편썰어 파기름 P 017 참고 을 두른 팬에 다진 생강과 함께 볶다가 청주, 간장, 굴소스 순으로 넣어 향을 낸다.
6. ❺에 ❹와 피망, 브로콜리를 넣고 볶다가 닭육수, 치킨파우더, 노두유, 후춧가루를 간한다.
7. 녹말물로 농도를 맞추고 참기름을 살짝 둘러 튀긴 찹쌀 누룽지 위에 얹는다.

**누룽지는 180℃ 이상의
고온 기름에서 튀겨야 제맛**

누룽지 튀김용 기름은 180℃
가 적당합니다. 누룽지를 조
금 떼어 넣었을 때 지글거리
며 바로 떠오를 때가 바로 그
온도이지요. 누룽지는 현미,
흑미, 백미 모두 가능해요.

라자냐면을 이용한 마파밥

이탈리아의 대표적인 가정식 라자냐와 중국 사천지방의 대표 가정식인 마파밥을 퓨전해 만든 요리입니다. 매콤한 마파두부 소스를 되직하게 만들어 라자냐면 안에 밥과 올려 만들었지요. 매콤한 향으로 중식 느낌을 살리면서도 프렌치한 부드러움이 입안 가득해요. 두부와 고기, 밥이 섞여 든든한 식사가 됩니다.

라자냐면(또는 또띠아) 4장, 밥 1공기(200g), 다진 쇠고기 30g, 두부 1/2모, 대파 1/4줄, 마늘 2쪽, 생강 약간, 모짜렐라치즈 1컵, 고추기름 2큰술, 닭육수 1큰술, 청주·간장·굴소스 1작은술씩, 두반장·치킨파우더 1/2작은술씩, 마파소스 1/3작은술, 식용유·후춧가루 약간씩
녹말물 전분 2작은술, 물 2큰술

1. 라자냐면은 끓는 소금물에 10분 정도 삶아 건져 식용유를 발라 세로로 3줄 칼집을 넣어둔다.
2. 두부는 으깨고 대파와 마늘, 생강은 사방 0.2cm 크기로 잘게 썬다.
3. 팬에 고추기름을 두르고 다진 쇠고기를 먼저 볶다가 잘게 썬 대파와 마늘, 생강, 청주, 간장, 두반장, 마파소스를 넣고 한 번 더 볶는다.
4. ❸에 으깬 두부와 밥을 넣고 볶다가 닭육수, 굴소스, 치킨파우더, 후춧가루로 간해 녹말물로 농도를 맞춘다.
5. 오븐 용기에 ❶의 라자냐면을 1장 깔고 그 위에 ❹의 볶은 마파밥, 모짜렐라치즈를 얹는다.
6. ❺ 위에 라자냐면을 덮어 180℃로 예열된 오븐에 10분간 굽는다.

중식 브런치 곁들임 메뉴

오이피클

멸치볶음

샐러리무침

땅콩조림

짜사이무침

중식의 곁들임 메뉴는 우리나라의 반찬과 비슷합니다. 전반적으로 아삭하고 고소하며 씹히는 맛이 개운하지요. 어떤 요리와도 어울림이 좋습니다.

오이피클

오이 2개, 굵은소금 1큰술
피클 소스 식초 · 물 1과1/2컵씩, 설탕 1컵, 피클링스파이스 1작은술

1. 식초, 물, 설탕, 피클링스파이스를 섞어 피클 소스를 만든다.
2. 오이는 5cm 길이로 잘라 4등분한다.
3. 4등분한 오이에 굵은소금을 뿌려 30분간 절였다가 물에 담가 짠기를 빼고 체에 밭친다.
4. ❸에 ❶의 피클 소스를 부어 하룻동안 담가둔다.

멸치볶음

멸치 100g, 믹스넛 땅콩 1줌, 청양고추 1/3개, 홍고추 1/4개, 청주 3큰술, 설탕 2와2/3큰술, 다진 마늘 · 파기름 1작은술씩, 다진 생강 · 두반장 1/2작은술씩, 식용유 2컵

1. 팬에 식용유 2컵을 붓고 끓어오르면 멸치를 넣고 바삭하게 튀겨 준비한다.
2. 고추는 0.2cm 크기로 썬다.
3. 팬에 파기름 P 017 참고 을 두르고 잘게 썬 고추와 다진 마늘, 다진 생강, 두반장을 넣고 볶다가 청주와 설탕을 더해 설탕이 녹을 때까지 끓인다.
4. ❸에 튀긴 멸치와 믹스넛 땅콩을 볶아 마무리한다.

셀러리무침

셀러리 2대, 파기름 1큰술, 다진 마늘 2작은술, 청주 1작은술, 치킨파우더 1/3작은술, 소금 1/5작은술, 참기름 약간

1. 셀러리는 어슷 썰어 끓는 물에 삶아 준비한다.
2. 삶은 셀러리에 다진 마늘과 청주를 넣어 먼저 버무린다.
3. ❷에 파기름 P 017 참고, 치킨파우더, 소금, 참기름을 넣고 버무려 접시에 담아낸다.

땅콩조림

땅콩 4컵, 당근 1/4개
땅콩 끓일 물 셀러리잎 3장, 팔각 5개, 치킨파우더 3작은술, 소금 2작은술, 물 10컵

1. 땅콩은 물을 부어 한 번 끓였다가 물을 버리고 땅콩만 건져 준비한다.
2. 당근은 0.5cm 크기로 깍둑썬다.
3. ❶의 땅콩에 물, 셀러리잎, 팔각, 치킨파우더, 소금을 넣고 끓인다.
4. ❸이 끓으면 약한 불로 30분 정도 끓이다 깍둑썬 당근을 넣고 10분간 끓여 마무리한다.

짜사이무침

짜사이 1kg, 대파 1줄, 양파 1/3개
양념 설탕 · 식초 5작은술씩, 다진 마늘 · 두반장 1큰술씩, 치킨파우더 2작은술, 참기름 1작은술, 고추기름 1/2컵

1. 짜사이는 흐르는 물에 20분 정도 담가 짠기가 빠지면 체에 걸러 물기를 뺀다.
2. 대파는 반 갈라 4cm 길이로 채썰고 양파도 길이 4cm, 두께 0.2cm로 채썬다.
3. 볼에 ❶의 짜사이와 채썬 대파와 양파를 넣는다.
4. ❸에 참기름을 제외한 양념 재료를 버무린다.
5. 간을 보고 참기름을 둘러 마무리한다.

2 INFORMATION
중식 브런치 사이드 음료

중국 본토에서는 아침에 따뜻한 차와 속을 든든하게 해주는 우유, 두유를 즐겨 마시지요. 홍콩 등지에서는 아이스레몬티나 주스를 즐깁니다. 브런치 메뉴에 따라 알맞게 곁들여주세요.

똥랭차(아이스레몬티)
홍차 1컵, 레몬 1/3개, 설탕 3작은술, 각얼음 7개

1. 홍차는 우려내 식혀 1컵을 준비한다.
2. 레몬은 얇게 슬라이스한다.
3. 우린 홍차에 설탕과 각얼음을 넣고 슬라이스한 레몬을 넣어 준비한다.
4. 컵에 롱 티스푼을 넣어 레몬을 으깨가며 마신다.

국화차
국화차, 끓인 물 2컵(세차 물 1컵, 화차 우릴 물 1컵)

1. 국화차 5~6송이를 다관에 넣는다.
2. 뜨거운 물 1컵을 부어 한 번 휘둘러 물만 버린다.
3. 다시 다관에 뜨거운 물 1컵을 부어 1~2분 둔다.
4. 찻잔에 국화차를 따라 마신다.

똥랭차(아이스레몬티)　　국화차

두유

연두부 1모(250g), 우유 1과1/4컵, 소금 약간
설탕 시럽(4작은술) 설탕·물 1컵씩

1. 냄비에 설탕과 물을 1컵씩 붓고 설탕이 녹을 때까지 저어준 후 냉장보관한다.
2. 믹서에 연두부, 우유, 설탕 시럽 4작은술, 소금을 넣고 갈아 컵에 담는다.

시미로망고주스

냉동 망고 150g, 시미로 3큰술, 설탕 1과1/3큰술, 물 1컵, 각얼음 5개

1. 시미로는 물에 담가 불린다.
2. 불린 시미로를 끓는 물에 삶아 찬물에 담가 준비한다.
3. 믹서에 냉동 망고, 설탕, 물, 각얼음을 넣고 갈아 주스를 만든다.
4. ❸에 불린 시미로를 넣고 잘 섞어 완성한다.

나이차(밀크티)

홍차 1컵, 우유 1/3컵, 에스프레소 1/4컵, 연유 4작은술

1. 홍차는 우려내 준비한다.
2. 우유는 중탕해 데우고 에스프레소를 뽑아 준비한다.
3. 찻잔에 우린 홍차와 데운 우유, 에스프레소를 넣어 섞는다.
4. ❸에 연유를 넣어 완성한다.

늘 먹는 주식을 이용해 브런치를 만들어봅니다.
빵 대신 떡을, 커피 대신 곡물차를 곁들이지요.
익숙한 된장과 고추장, 간장도 멋진 브런치용 소스가 되어요.
편안하면서도 격조 있는 식탁이 완성됩니다.
한식 브런치 메뉴를 소개합니다.

한입에브런치 **PART 2**

편안하고 격조 있는 식탁
한식 브런치

김봉경 한식 요리연구가의 가이드
한식 브런치의 핵심

MAIN 탄수화물 섭취는 떡을 이용한다
브런치에 빵은 빠지지 않지요. 한식에서는 빵 대신 떡을 이용합니다. 떡으로 샌드위치 메뉴를 만들 수 있답니다. 백설기, 가래떡 등을 소량씩 냉동시켜두면 활용하기 좋아요.

SUB 샐러드는 말린 과일로 포인트
한식 샐러드는 여러 재료를 섞기보다는 한 가지 재료를 활용합니다. 대추칩, 건자두, 곶감 등 말린 과일을 토핑처럼 올려보세요. 맛과 멋이 넘쳐나요.

SAUCE 전통 장을 가볍게~ 가볍게!
고추장, 간장, 된장 같은 묵직한 전통 장에 식초나 발효액 등을 섞으면 브런치와 어울리는 라이트한 맛을 낸답니다. 고소한 맛은 참깨, 검은깨, 호박씨, 두부 등을 이용해요.

DRINK 커피 대신 곡물차나 발효음료
한식 브런치에는 곡물차를 적극 활용해보세요. 보리나 치커리 등을 볶은 곡물커피도 추천합니다. 갈아 만든 과일주스 대신 발효액을 이용한 음료를 곁들이면 속이 편안하답니다.

호박달걀부침
길거리토스트

두부면흑임자샐러드

무알코올
청귤모히또
P 069

고추장제육퀘사디아

우리집 식탁에 자주 오르는 고추장제육볶음. 먹다가 조금 남았다면 브런치 메뉴로 변신시켜보세요. 한식에서 빠지지 않는 고추장제육볶음으로 매콤한 퀘사디아를 만들었습니다. 여기에 오이플레인요구르트 소스를 곁들이면 자극적인 맛을 잡아주지요. 시원한 오이 향이 고추장 양념으로 텁텁해진 입안을 개운하게 해준답니다.

또띠아 2장, 돼지고기 뒷다리살 150g, 양파 1/4개, 올리브유 1큰술, 모짜렐라치즈 1과1/3컵
돼지고기 양념 고추장·다진 파 1과1/3큰술씩, 올리고당 1큰술, 다진 마늘·고춧가루·맛술 2/3큰술씩, 간장·설탕 1과1/2작은술씩, 참기름 1작은술
오이플레인요구르트 소스 다진 오이 1/4컵, 플레인요구르트 1과1/2통, 레몬즙 2큰술, 소금 1/5작은술

1. 볼에 분량의 재료를 넣어 양념을 만들어 돼지고기 뒷다리살에 버무려 10분간 재운다.
2. 양파는 0.3cm 두께로 얇게 채썬다.
3. 중간 불로 달군 팬에 올리브유를 둘러 ❷의 양파채를 넣어 볶다가 노릇해지면 양념한 돼지고기를 익을 때까지 볶는다.
4. 또띠아 위에 모짜렐라치즈, ❸의 제육볶음, 모짜렐라치즈를 순서대로 올려 반으로 접는다.
5. 볼에 다진 오이, 플레인요구르트, 소금을 섞다가 레몬즙을 섞어 소스를 완성한다.
6. 약하게 달군 팬에 ❹를 올려 치즈가 녹을 정도로 앞뒤로 굽고 오이플레인요구르트 소스를 곁들인다.

대추
방울토마토
소박이
P 066

식빵으로만 만들던
샌드위치를 떡으로
만들었어요.
하얀 백설기도
좋고, 단호박이나
녹차로 만든
컬러풀한 백설기를
이용해도 좋아요.
색도 예쁘고 맛도
색달라요.

백설기달걀오이샌드위치

백설기 1.5cm 두께 4개,
오이 1/2개,
삶은 달걀 3~4개,
마요네즈 2작은술
오이절임 물
설탕 1/2작은술,
소금 1/3작은술, 물 1큰술
샌드위치 양념
마요네즈 3큰술,
올리고당 1/2작은술,
후춧가루 1/8작은술

1. 오이는 반 갈라 0.2cm 두께로 썰어 오이절임 물에 10분간 절였다가 물기를 꼭 짠다. 키친타월에 감싸 수분을 최대한 뺀다.
2. 삶은 달걀은 흰자와 노른자를 분리해 흰자는 굵게 다진다.
3. 볼에 삶은 달걀노른자를 넣고 으깬 뒤 굵게 다진 달걀흰자와 ❶의 절인 오이, 샌드위치 양념을 넣어 고루 섞는다.
4. 1.5cm 두께로 자른 백설기 한쪽 면에 마요네즈 1작은술을 바른다.
5. ❹의 백설기에 ❸의 속재료를 넣고 다른 백설기로 덮어 백설기달걀오이샌드위치를 완성한다.

오이는 소금과 설탕물에 절여야 맛도 좋아

수분이 많은 오이를 절이지 않고 달걀과 버무리면 물이 흥건히 나와 샌드위치 맛이 떨어져요. 소금과 설탕을 녹인 물에 절이면 짠맛과 단맛이 함께 배어 오이를 씹었을 때 더 맛있게 느껴져요.

매실에이드
P 068

번거로운 밀가루
피자 도우
대신 감자와
달걀로 도우를
만들어보세요.
근사한 피자 한 판이
뚝딱 만들어지죠.
매콤한 고추장
소스를 발라 한식의
맛을 더했어요.

매콤감자달걀피자

감자 1개, 달걀 2개,
피망 1/5개,
브로콜리 1/7개,
베이컨 1줄,
모짜렐라치즈 1컵,
다진 양파 2큰술,
올리브유 1과1/2큰술,
버터 1큰술, 후춧가루
1/8작은술,
파슬리가루 약간
고추장 소스
토마토케첩 · 올리고당
3큰술씩, 고추장 · 맛술
1큰술씩

1. 감자는 0.2cm로 슬라이스해 물에 담갔다 체에 밭쳐 키친타월로 수분을 빼준다.
2. 피망과 브로콜리, 베이컨은 사방 1cm 크기로 곱게 다진다.
3. 중간 불로 달군 팬에 올리브유 1/2큰술을 둘러 다진 양파를 볶다가 ❷의 피망, 브로콜리, 베이컨, 후춧가루를 넣어 볶는다.
4. ❸에 고추장 소스 재료를 넣고 볶는다.
5. 약한 불로 달군 팬에 버터와 올리브유를 1큰술씩 둘러 슬라이스한 감자를 깔고 밑면이 바삭해지도록 중약 불로 굽는다.
6. ❺에 달걀을 풀어 넣고 달걀이 익기 시작하면 ❹를 평평하게 깔고 그 위에 모짜렐라치즈를 올려 뚜껑을 덮어 치즈가 녹을 때까지 익힌다. 접시에 덜어 파슬리가루를 뿌려낸다.

감자 도우는 전분기를 뺀 감자로 구워야 깔끔해

감자를 물에 담그지 않고 그대로 팬에 올리면 감자에서 나온 전분이 팬에 달라붙어 잘 떨어지지 않아요. 전분기를 빼고 구우면 감자 도우를 깔끔하게 만들 수 있어요.

당근식혜
P 069

호박달걀부침길거리토스트

길거리에서 파는 토스트는 달걀부침만 들어가도 맛있지요. 달걀부침에 자투리 채소를 섞어 만들었어요. 달걀물에 애호박과 양배추를 채썰어 넣고 도톰하게 지져 설탕을 뿌려내면 달걀부침의 온도로 설탕이 사르르 녹아 더 맛있게 느껴진답니다. 간단한 브런치를 원한다면 호박달걀부침 길거리토스트를 만들어보세요. 아이들 아침, 간식거리로도 좋아요.

식빵 4장, 애호박 1/3개, 양배추 1장, 달걀 2개, 체다치즈 2장, 통조림 옥수수 3큰술, 올리브유 2큰술, 설탕·머스터드소스·마요네즈·토마토케첩·돈가스소스 1큰술씩

1. 애호박과 양배추는 0.3cm 두께로 곱게 채썬다.
2. 볼에 ❶의 채썬 애호박과 양배추, 통조림 옥수수를 넣고 달걀을 풀어 고루 잘 섞는다.
3. 중약 불로 달군 팬에 올리브유를 둘러 ❷를 넣고 동그랗게 모양을 잡아가며 지진다.
4. 약한 불로 달군 팬에 식빵을 앞뒤로 노릇하게 굽는다.
5. ❹의 식빵 위에 설탕을 뿌리고 체다치즈를 깐다. 그 위에 ❸의 호박달걀부침을 올린다.
6. ❺ 위에 머스터드소스, 마요네즈, 토마토케첩, 돈가스소스를 한 번씩 뿌리고 구운 식빵을 덮어 완성한다.

자두청
배화채
P 068

저칼로리 식단의
대표주자 두부로
만든 면으로
샐러드를
만들었어요.
흑임자 소스를
곁들이니 고소함도
두 배인 샐러드가
완성됩니다.
알록달록한 색감이
식탁을 빛내줘요.

두부면흑임자샐러드

두부면 1봉지,
어린잎채소 1줌(50g),
크랜베리 2큰술,
자색고구마 칩 6개
흑임자 소스
흑임자 1/2컵, 마요네즈
· 견과류 · 간장 2큰술씩,
설탕 · 맛술 · 식초
1큰술씩, 레몬즙 1/2큰술,
소금 1/5작은술, 물 5큰술

1. 두부면은 흐르는 물에 2번 정도 헹군 후 체에 밭쳐 수분을 뺀다.
2. 커터기에 흑임자 소스 재료를 넣고 곱게 갈아 소스를 만든다.
3. 어린잎채소는 물에 담가 씻어 체에 밭쳐 키친타월에 감싸 수분을 제거한다.
4. 접시에 두부면과 어린잎채소를 올리고 크랜베리, 자색고구마 칩을 뿌린다.
5. 준비한 흑임자 소스를 곁들여낸다. 심심한 맛의 감자구이와 함께 내도 잘 어울린다.

**샐러드용 잎채소는 물에
담갔다 수분을 없애 사용**

샐러드용 잎채소는 먹기 전에 물에 담그면 다시 파릇파릇 아삭해진답니다. 이후 반드시 키친타월에 감싸 수분을 없애고 사용해야 소스가 묽어지지 않아요.

묵은 특별한 맛은 없지만 예로부터 전통음식의 식재료로 쓰여 왔지요. 된장과 들기름으로 맛낸 드레싱으로 색다른 샐러드를 만들어요. 구운 비트를 올려 색감과 단맛을 추가했어요.

청포묵된장들기름샐러드

청포묵 1모(300g),
닭가슴살 1쪽(100g),
비트 1/3개, 쌈채소 2줌,
호두 1/3컵,
올리브유 1큰술
된장들기름 드레싱
된장·식초·들기름
2큰술씩, 매실청
1과1/2큰술, 맛술·
고춧가루·올리고당
1큰술씩, 간장 2작은술,
다진 마늘·통깨
1작은술씩
닭가슴살 양념 맛술 1작은술,
다진 마늘 1/2작은술,
소금·후춧가루 약간씩

1. 닭가슴살은 1cm 두께로 비스듬히 포를 뜨듯 잘라 양념에 10분간 재운다.
2. 청포묵과 비트는 사방 1.5cm 크기로 깍둑썰고 쌈채소는 씻어 수분을 제거해 먹기 좋게 자른다. 청포묵은 끓는 물에 30초간 데쳐 찬물에 헹궈 체에 밭친다.
3. 볼에 들기름과 통깨를 제외한 양념 재료를 섞은 뒤 된장이 잘 풀어지면 들기름, 통깨를 넣어 된장들기름 드레싱을 만든다.
4. 중간 불로 달군 팬에 올리브유 1/2큰술을 둘러 깍둑썬 비트를 노릇해지도록 볶는다.
5. 중약 불로 달군 팬에 올리브유 1/2큰술을 둘러 양념한 닭가슴살을 노릇하게 굽는다.
6. 접시에 쌈채소와 청포묵, 구운 비트와 닭가슴살, 호두를 올린 후 드레싱을 뿌린다.

닭가슴살은 포를 뜨듯 잘라 구워야 짧은 시간 내에 익어

닭가슴살은 비스듬히 포를 떠서 사용하세요. 닭가슴살을 굽는 시간이 길어지면 양념 때문에 겉이 타고 육질도 퍽퍽해져요.

마늘소스설기구이
P 066

검은콩범벅샐러드

몸에 좋은 검은콩, 어떻게 드시나요? 오늘은 검은콩으로 근사한 샐러드를 만들었습니다. 검은콩을 걸쭉한 두부 소스에 버무리면 고소한 리코타치즈 맛이 나지요. 여기에 흑초로 맛을 낸 간장흑초 드레싱을 뿌려 고소함에 새콤함까지 더했습니다. 하루를 시작하기 좋은 메뉴입니다.

검은콩 2/3컵, 양상추 4장, 어린 케일샐러드 1줌, 파마산치즈 3큰술
검은콩범벅 소스 두부 1/2모, 믹스견과류 2/3컵, 올리브유 3큰술, 크림치즈 2큰술, 올리고당 1큰술, 식초 2/3큰술, 레몬즙 1/2큰술, 소금 약간
간장흑초 드레싱 간장·흑초 2큰술씩, 매실청 1과1/2큰술, 다진 양파·식초·설탕 1큰술씩, 다진 청고추·홍고추·맛술 1/2큰술씩, 물 4큰술

1. 검은콩은 6시간 이상 불려 냄비에 물을 붓고 중간 불에서 삶는다. 부르르 끓어오르면 중약 불로 바꿔 20~25분 삶아 체에 밭쳐 식힌다.
2. 검은콩범벅 소스 재료를 커터기에 넣고 갈은 뒤 ❶의 삶아놓은 검은콩에 버무려 검은콩범벅을 만든다.
3. 볼에 물과 설탕을 먼저 섞은 뒤 다른 재료를 섞어 간장흑초 드레싱을 준비한다.
4. 양상추는 먹기 좋은 크기로 썰어 어린 케일샐러드와 섞는다.
5. 접시에 ❹의 샐러드를 담고 간장흑초 드레싱을 뿌린다.
6. ❺에 ❷의 검은콩범벅을 수저로 수북이 떠서 듬성듬성 올린 후 파마산치즈를 뿌려 완성한다.

구절판비빔밥

현미밤죽

쑥갓고기국수

두부밥스테이크

밥과 두부, 닭가슴살을 고루 섞어 반죽해 동그랗게 구워주세요. 담백하면서도 든든한 두부밥스테이크가 만들어진답니다. 여기에 짭조름하면서도 달콤한 소스를 곁들이면 아이, 어른 누구나 즐길 수 있는 맛있는 브런치가 완성되지요. 고추장아찌나 피클 등과 함께 먹으면 더 맛있습니다.

밥 1/2공기(100g), 닭가슴살 1쪽(100g), 두부 1/4모(50g), 달걀 1개, 다진 양파·올리브유 2큰술씩, 다진 당근 1큰술, 밀가루 3큰술, 소금 1/8작은술
반죽 양념 참기름 1작은술, 다진 마늘·소금 1/2작은술씩, 후춧가루 약간
소스 올리고당 3큰술, 간장·물 2큰술씩, 토마토케첩 1큰술, 레몬즙 1/2큰술

1. 닭가슴살은 큼직하게 썰어 커터기에 넣고 곱게 간다.
2. 두부는 키친타월에 감싸 수분을 최대한 제거해 칼등으로 밀어내듯 으깬다.
3. 볼에 밥과 곱게 간 닭가슴살, 으깬 두부, 다진 양파, 다진 당근, 반죽 양념을 섞은 뒤 손으로 치대 지름 6cm 크기의 동그란 두부밥스테이크를 만든다.
4. 볼에 달걀과 소금 1/8작은술을 풀어 달걀물을 준비한다.
5. ❸에 밀가루, 달걀물 순으로 묻혀 올리브유를 두른 팬에서 중약 불로 노릇하게 앞뒤로 굽는다.
6. 냄비에 소스 재료를 넣고 부르르 끓여 두부밥스테이크 위에 소스를 바르거나 뿌려 완성한다.

각양각색의 나물을
짧게 잘라 무쳐
구절판처럼 둘러
담았습니다. 건강을
상징하는 오방색이
한 접시에 담기지요.
먹다 남은 반찬을
올려도 좋아요.
담음새만 달라도
음식이 새로워
보입니다.

구절판비빔밥

밥 1과1/2공기(300g),
다진 쇠고기 50g,
달걀 1개, 숙주 1/2줌,
애호박·당근 1/5개씩,
고사리 1/4컵,
표고버섯 2개, 쪽파 1줄,
약고추장 3큰술,
올리브유 4작은술,
소금·후춧가루 약간씩
쇠고기·표고버섯 양념
간장·다진 마늘·
설탕 1작은술씩, 맛술
1/2작은술, 후춧가루 약간
밥 밑간 통깨·참기름
1작은술씩, 소금 약간

1. 애호박, 당근, 표고버섯은 길이 3cm, 두께 0.3cm로 채썬다. 숙주, 고사리도 3cm로 썬다.
2. 약한 불로 달군 팬에 올리브유 1작은술을 둘러 키친타월로 팬을 코팅한 뒤 달걀물을 풀어 지단을 부쳐 채소 크기에 맞춰 채썬다.
3. 볼에 양념 재료를 섞어 반씩 나누어 다진 쇠고기와 표고버섯에 각각 양념해 5분간 재운다. 중약 불로 달군 팬에 올리브유 1작은술을 둘러 따로 볶아낸다.
4. 센 불로 달군 팬에 올리브유 2작은술을 둘러 애호박, 당근, 숙주, 고사리를 각각 소금, 후춧가루로 간하여 볶는다.
5. 밥은 밑간해 그릇에 담아 약고추장과 송송 썬 쪽파를 올린다. 각각의 재료를 조금씩 올려 완성한다.

**밥 모양을 잡을 때는
참기름이나 식초물 이용**

밑간한 밥을 한입크기로 사각이나 원형으로 모양을 잡아 올려도 좋아요. 이때는 손에 참기름을 약간 바르거나 식초물을 묻혀 밥 모양을 잡으세요. 밥알이 손에 묻는 것을 방지합니다.

흑미차
P 069

> 남아 있는 밥에
> 달걀과 채소를 다져
> 넣어 만들었어요.
> 매콤한 맛을
> 좋아한다면
> 달걀물에 다진
> 청양고추나
> 고춧가루를 살짝
> 뿌려 넣으세요.
> 약간의 매콤함이
> 뒷맛을 개운하게
> 해줍니다.

새우달걀밥찜

밥 1과1/2공기(300g),
새우 8~10마리(150g),
달걀 5개, 양파 1/5개,
당근 · 브로콜리 1/6개씩,
대파 1/8줄, 우유 5큰술,
올리브유 1큰술,
맛술 1작은술,
소금 1/4작은술,
후춧가루 1/8작은술
새우 밑간 다진 마늘 ·
맛술 1/2작은술씩,
후춧가루 약간
밥 양념 간장 · 들기름
1/2큰술씩, 통깨 1작은술

1. 새우는 3등분하여 밑간하고 밥은 간장, 들기름, 통깨를 넣어 양념한다.
2. 양파와 당근, 브로콜리는 사방 0.5cm 크기로 썰고 대파는 0.2cm로 송송 썬다.
3. 중약 불로 달군 팬에 올리브유를 둘러 송송 썬 대파를 볶다가 양파, 당근, 브로콜리, ❶의 새우, 소금, 후춧가루를 넣어 노릇하게 볶는다.
4. 볼에 달걀과 맛술을 풀어 우유와 ❸을 넣고 고루 섞는다.
5. 그릇이나 머그컵 2개에 양념한 밥을 2/3공기씩 담고 그 위에 ❹를 부어 랩을 씌운다.
6. 찜기에 올려 20~25분 쪄내거나 전자레인지에 7분 정도 돌려 완성한다.

새우는 밑간에 재워야 자체의 맛이 살아나

새우를 비롯한 해산물은 미리 다진 마늘, 맛술, 청주, 후춧가루를 섞은 밑간에 재웠다 사용하세요. 특유의 비린내는 사라지고 해산물 자체의 단맛과 풍미가 살아난답니다.

시원한 멸치육수와 진한 쇠고기가 만나 깊은 국물 맛을 내줍니다. 숙주와 쑥갓을 듬뿍 올려내면 고기와 국수, 숙주가 어우러져 건강한 한 그릇 국수가 완성되어요.

쑥갓고기국수

소면 2줌(160g), **쇠고기** 불고기용 250g, **숙주** 1줌, **쑥갓** 5~6줄기, **청양고추** 1개, **홍고추** 1/2개, **대파** 1/4줄, **국간장 · 참치액젓** 1큰술씩, **소금** 1/2작은술
멸치육수 멸치 1과 2/3컵, 양파 1/2개, 무 2cm 두께 1토막, 다시마 5×5cm 2장, 청주 1작은술, 물 10컵
양념 다진 마늘 1큰술, 간장 · 맛술 · 올리고당 1/2큰술씩, 국간장 · 참기름 1작은술씩, 후춧가루 1/8작은술

1. 냄비에 멸치육수 재료를 넣고 끓으면 다시마를 건지고 중약 불에서 10분 정도 더 끓인 후 멸치, 양파, 무를 건진다.
2. 쑥갓은 7cm 길이로 썰고 고추와 대파는 0.5cm 폭으로 송송 썬다.
3. 쇠고기는 키친타월로 감싸 핏물을 제거해 양념 1/2 분량에 버무려 10분간 재운다.
4. 냄비에 ❶의 멸치육수를 붓고 끓어오르면 ❸의 쇠고기와 나머지 양념을 넣는다. 한소끔 끓여 국간장, 참치액젓, 소금으로 간하고 고추를 넣고 끓인다.
5. 끓는 물에 소면을 삶아 찬물에 맑은 물이 나올 때까지 헹군 후 체에 밭쳐 물기를 뺀다.
6. 그릇에 소면을 담고 ❹를 부어 면을 데운 후 쑥갓, 숙주, 대파를 올려낸다.

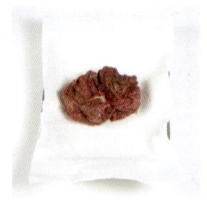

쇠고기는 핏물을 제거해 넣어야 국물 맛이 깔끔해져

모든 고기의 누린내는 핏물에서 나옵니다. 누린내를 더 잡고 싶다면 청주를 뿌려두었다가 핏물을 제거해주세요. 냉동고기는 해동 후 체에 밭쳐 흐르는 물에 살짝 헹궈 키친타월에 올리세요.

으깬 감자
건자두마요샐러드
P 066

곤약면으로 만든 다이어트용 비빔면입니다. 고추장 소스에 토마토를 갈아 넣어 고추장의 염도까지 낮췄지요. 쌈무, 오이, 상추로 간단하게 토핑해요.

토마토곤약비빔면

곤약면 2봉지(400g),
오이 1/4개, 쌈무 4장,
상추 2장, 식초 1작은술
토마토고추장 소스
토마토 1개(200g),
갈은 배·고추장·매실청
3큰술씩, 식초 2와1/2큰술,
참기름 1과1/2큰술,
고운 고춧가루·간장
1큰술씩, 다진 마늘·
연겨자 1작은술씩

1. 오이는 0.5cm 두께로 채썰고 쌈무는 2cm 폭으로 썬다. 상추는 돌돌 말아 0.5cm 폭으로 썬다.
2. 소스용 토마토는 열십자로 칼집내 끓는 물에 30초 데쳐 껍질을 벗겨 큼직하게 썬다.
3. 믹서에 ❷의 토마토와 고추장 소스 재료를 모두 넣어 곱게 간다.
4. 끓는 물에 식초 1작은술을 넣고 곤약면을 30초 정도 데친 뒤 찬물에 헹구어 체에 밭쳐 수분을 최대한 뺀다. 식초물에 곤약면을 데치면 곤약 특유의 냄새가 사라진다.
5. ❸의 소스에 데친 곤약면을 넣어 버무린다.
6. 접시에 ❺의 비빔면을 넣고 상추, 오이, 쌈무를 올린다.

양념에 들어가는 토마토는 껍질을 벗겨 사용

토마토를 이용해 양념장을 만들 때는 끓는 물에 데친 뒤 껍질을 벗겨서 사용해주세요. 토마토 껍질이 그대로 들어가면 지저분해 보이기도 하지만 입안에서 양념이 겉도는 느낌이 든답니다.

단호박
대추칩샐러드
P 066

황태채비빔쫄면

쫄깃한 식감의 쫄면에 양념한 황태채와 깻잎, 어린잎채소를 곁들인 메뉴예요. 입맛 없는 날의 브런치로 안성맞춤이지요. 황태채비빔쫄면은 쨍하게 새콤달콤하게 만들어야 맛이 좋아요. 식초만 넣어도 새콤하지만 꼭 레몬즙을 넣어 상큼한 신맛을 더해주세요. 레몬 대신 제철에 맞게 귤즙 또는 유자즙을 넣으면 색다른 신맛을 맛보실 수 있답니다.

쫄면 2줌(300g), 황태채 2와1/2컵(30g), 어린잎채소 1/2줌(25g), 깻잎 4장, 삶은 달걀 1개, 물 1/4컵
양념 고추장 4와1/2큰술, 식초 4큰술, 올리고당 1과1/2큰술, 매실청·설탕·참기름 1큰술씩, 간장 2/3큰술, 다진 마늘·고춧가루·레몬즙·맛술·통깨 1/2큰술씩
황태채 밑간 식초 1/2큰술, 설탕 1/2작은술

1. 볼에 양념 재료를 넣고 설탕이 녹도록 잘 섞은 후 냉장실에서 1시간 정도 숙성시킨다.
2. 황태채에 물 1/4컵을 부어 담갔다가 식초와 설탕에 버무려 밑간한다.
3. 깻잎은 돌돌 말아 0.3cm 폭으로 썰고 삶은 달걀은 반으로 자른다.
4. 쫄면은 손바닥으로 비벼 가닥가닥 뜯어 끓는 물에 3분간 삶아 찬물에 여러 번 헹궈 체에 밭쳐 물기를 최대한 없앤다. 어린잎채소는 물에 담갔다 체에 밭친다.
5. ❷의 황태채에 ❶의 양념을 3큰술 넣어 버무리고 나머지 양념은 ❹의 삶은 쫄면과 버무린다.
6. 그릇에 양념에 버무린 쫄면과 황태채를 담고 깻잎채, 어린잎채소, 삶은 달걀을 올린다.

타락죽은 예로부터
기운을 북돋는
보양식으로
애용했던
음식이에요.
우유로만 죽을
쑤어도 맛있지만
옥수수를 같이
갈아주면 고소한
맛이 배가되지요.

옥수수타락죽

찹쌀 1/2컵,
옥수수 1개(옥수수
알맹이 1컵),
소금 1작은술, 우유 5컵
옥수수 삶는 물
소금 · 설탕 1작은술씩,
물 적당량

1. 찹쌀은 깨끗이 씻어 1시간 이상 불린다.
2. 옥수수는 옥수수가 잠길 만큼의 물을 붓고 소금과 설탕을 1작은술씩 넣고 20분간 삶는다. 삶은 옥수수는 알맹이만 떼어낸다.
3. 믹서기에 불린 찹쌀, 옥수수 알맹이 2/3 분량, 우유 2컵을 넣고 곱게 간다.
4. 냄비에 ❸을 부어 중간 불에서 끓이다가 중약 불에서 남은 우유 3컵을 넣고 걸쭉하게 한소끔 끓인다.
5. ❹에 남은 옥수수 알맹이 1/3 분량과 소금을 넣어 간을 맞춰 완성한다.

찹쌀은 1시간 이상 불렸다가 죽을 쑤어야 잘 퍼져

멥쌀이든 찹쌀이든 잘 불린 후에 죽을 쑤어야 쌀이 잘 퍼져요. 제대로 불리지 않은 상태에서 죽을 쑤게 되면 쌀 알이 물을 많이 먹고 점성이 풀처럼 되어요.

달콤하면서
씹히는 맛이 좋은
죽이에요. 밤을
듬뿍 넣고 굵게 간
현미와 꿀을
넣고 끓이면 맛있는
현미밤죽이 되지요.
강낭콩이나
완두콩 등을 삶아
넣어도 맛있어요.

현미밤죽

현미(멥쌀현미
또는 찰현미) 1/2컵,
밤 15개(150g),
현미 튀밥 2큰술,
꿀 1/2큰술,
소금 1/2작은술,
물 3과1/2컵

1. 현미는 8시간 이상 물에 불린다.
2. 밤은 전자레인지용 그릇에 물 2큰술과 넣고 랩을 씌워 3분간 익혔다가 큼직하게 썬다.
3. 믹서에 불린 현미와 물 1컵을 넣고 굵게 간다.
4. 냄비에 ❸의 갈아놓은 현미와 물 2와1/2컵을 부어 중약 불에서 현미가 익을 때까지 끓이다가 익힌 밤을 넣고 한소끔 끓인다.
5. ❹에 꿀과 소금으로 간해 그릇에 담은 뒤 현미 튀밥을 뿌려낸다.

**밤은 미리 익혀
죽에 넣고 끓이기**

현미와 밤은 익는 시간이 달라서 같이 넣고 끓이면 현미는 덜 익고 밤은 다 으깨지기 쉬워요. 밤을 미리 전자레인지에 돌려 살짝 익힌 후에 넣어주세요.

1 INFORMATION

한식 브런치 곁들임 메뉴

으깬 감자 건자두마요샐러드

마늘소스설기구이

스틱두부구이

단호박대추칩 샐러드

대추방울토마토 소박이

한식 브런치를 준비할 때는
반찬용으로 몇 가지 만들어두면
언제든 식탁에 내기 좋아요.
살짝 구워만 내도 좋은 사이드
메뉴가 되지요. 간이 너무 세지
않은 메뉴로 준비했어요.

으깬 감자건자두마요샐러드

감자 1개, 건자두 5개, 다진 햄·물 2큰술씩
양념 마요네즈 2큰술, 우유 1큰술, 후춧가루 약간

1. 감자는 껍질을 벗겨 8등분해 전자레인지용 그릇에 물 2큰술을 넣고 7~8분 익힌다.
2. 건자두는 먹기 좋은 크기로 썬다.
3. 볼에 ❶의 감자를 넣고 으깬 후 다진 햄과 양념을 넣어 버무린다.
4. ❸에 건자두를 살살 버무려낸다.

마늘소스설기구이

백설기 1/2개, 파슬리가루 약간
마늘 소스 버터 3큰술, 다진 마늘 1/2큰술,
꿀·설탕 1작은술씩

1. 버터는 실온에서 녹인 후 볼에 다진 마늘, 꿀, 설탕을 넣고 섞어 마늘 소스를 만든다.
2. 백설기는 두께 1cm, 폭 2.5cm로 자른다.
3. ❷의 백설기에 마늘 소스를 양면에 바른다.
4. 기름을 두르지 않은 팬을 약한 불에 달구어 ❸을 올리고 파슬리가루를 뿌려 앞뒤로 노릇하게 굽는다.

스틱두부구이

부침용 두부 1/2모, 올리브유 1작은술,
소금·후춧가루 약간씩

1. 두부는 키친타월에 감싸 수분을 최대한 뺀다.
2. ❶의 두부는 길이 7cm, 두께 2cm로 자른다.
3. 약한 불로 달군 팬에 올리브유를 둘러 키친타월로 코팅하듯이 바르고 ❷의 두부에 소금, 후춧가루를 뿌려 앞뒤 노릇하게 구워낸다.

단호박대추칩샐러드

단호박 1/2개(250g), 대추칩 1/3컵, 꿀 2큰술

1. 단호박은 반으로 잘라 씨를 긁어낸 뒤 랩을 씌워 전자레인지에 7~8분 익힌다.
2. ❶의 단호박을 한김 식혀 숟가락으로 속을 긁어낸다.
3. 냄비에 단호박 속과 꿀을 넣고 약한 불에서 끓여 수분을 날린다. 수분이 많지 않은 단호박은 익힌 후 바로 사용해도 된다.
4. ❸을 차게 식힌 후 대추칩을 섞어 완성한다.

대추방울토마토소박이

대추방울토마토 10개, 오이·당근 1/6개씩,
무순 약간
양념 식초·올리브유·꿀 1과1/2큰술씩,
레몬즙 1/2큰술, 소금 약간

1. 오이와 당근은 길이 2cm, 두께 0.2cm로 곱게 채썰고 무순은 1cm 길이로 썰어 줄기와 잎을 분리한다.
2. 대추방울토마토는 이쑤시개로 콕콕 찔러 끓는 물에 10초간 데쳐 찬물에 헹궈 껍질을 벗긴다.
3. 볼에 양념을 만들어 ❶의 오이채와 당근채를 버무린 후 무순 줄기 부분을 넣어 섞는다.
4. ❷의 대추방울토마토는 열십자로 칼집을 1.5cm 깊이로 내고 그 속에 ❸의 채소무침을 넣는다. 무순 잎을 올려 완성한다.

2 INFORMATION
한식 브런치 사이드 음료

매일 아침 별생각 없이 마시는 커피 대신 건강차와 음료를 곁들이세요. 여름내 담가둔 청만 있다면 시원한 에이드도 금세 만들 수 있답니다. 한식 브런치와 잘 어울리는 발효음료를 추천합니다.

매실에이드
매실 10~15개(500g), 설탕 2와2/3컵(500g), 탄산수 1병(500ml), 각얼음 2/3컵

1. 매실은 꼭지 부분을 이쑤시개로 떼어낸 후 설탕 2컵에 버무린다.
2. 소독한 용기에 ❶을 담고 남은 설탕을 부어 뚜껑을 닫아 3개월 이상 숙성시킨다.
3. 컵에 ❷의 매실 발효액 2/3컵, 각얼음, 탄산수를 넣어 탄산이 빠지지 않게 살살 섞어 완성한다.

자두청배화채
자두 10~15개(500g), 설탕 2와2/3컵(500g), 배 1/5개, 물 2와1/2컵
배 담금물 물 1컵, 설탕 1큰술

1. 자두는 씨를 제거해 설탕 2컵에 버무린다.
2. 소독한 용기에 ❶을 담고 남은 설탕을 부어 뚜껑을 닫아 2개월 이상 숙성시킨다.
3. 배는 0.3cm 두께로 썰어 원하는 모양의 틀로 찍어 배 담금물에 담가둔다.
4. 그릇에 물, 자두청 2/3컵을 섞은 후 ❸의 배를 띄워 완성한다.

매실에이드   자두청배화채

무알코올청귤모히또

청귤 5~7개(500g), 설탕 2와2/3컵(500g),
애플민트 1줌, 탄산수 1병(500ml), 각얼음 2/3컵

1. 청귤은 양 끝부분은 잘라내고 0.5cm 두께로 썬 뒤 설탕 2컵에 버무린다.
2. 소독한 용기에 ❶을 담고 남은 설탕을 부어 뚜껑을 닫아 1개월 이상 숙성시킨다.
3. 컵에 ❷의 청귤 발효액 1/2컵, 탄산수, 각얼음을 넣어 탄산이 빠지지 않게 살살 섞는다.
4. 애플민트를 손바닥 위에 놓고 박수를 치듯 탁탁 쳐서 ❸에 섞어 완성한다.

흑미차

흑미 2큰술, 물 3컵

1. 흑미는 물에 여러 번 깨끗이 씻어 체에 밭친다.
2. 약한 불에서 달군 팬에 ❶의 흑미를 넣고 흑미의 가장자리가 하얗게 터질 때까지 볶는다.
3. 주전자 또는 냄비에 볶은 흑미, 물 3컵을 넣어 부르르 끓어오르면 중약 불에서 5분 더 끓여 완성한다.

당근식혜

멥쌀 1과3/4컵, 엿기름 1과1/4컵(100g),
설탕 2/3컵(120g), 생강편 1톨 분량, 물 12와2/3컵
밥 짓는 물 2컵
당근 물 당근 1/2개, 물 1/3컵

1. 멥쌀은 30분~1시간 물에 불린 후 전기밥솥에 물 2컵을 부어 밥을 짓는다.
2. 엿기름은 베보자기에 넣어 물 12와2/3컵에 30분간 불렸다가 엿기름 주머니를 바락바락 문질러 꼭 짠다. 30분간 그대로 두어 앙금을 가라앉히고 윗물만 따로 담아둔다.
3. 밥솥에 ❷의 엿기름 윗물과 밥을 고루 섞어 보온 상태로 6시간 둔다.
4. 믹서에 당근 물 재료를 갈아 체에 밭친다.
5. 냄비에 ❸의 식혜물, 설탕, 생강편을 넣고 센 불로 끓이다가 끓어오르면 중약 불로 줄여 거품을 거두면서 ❹의 당근 물을 부어 5분 더 끓여 생강을 건져 완성한다.
6. ❺를 체에 걸러 식혜물과 식혜밥을 따로 분리한 후 식혜밥은 생수에 10분 정도 담가 당분을 뺀다. 식혜밥은 따로 보관했다가 먹기 직전에 띄워야 밥알이 예쁘게 둥둥 뜬다.

무알코올 청귤모히또

당근식혜

흑미차

브런치 하면 떠오르는 메뉴 대부분이 양식 요리들이지요.
육류, 해산물, 면… 재료부터 소스, 조리법까지 그 종류도 다양해
전 세계적으로 인기를 모으고 있습니다.
하지만 집에서 직접 따라 하기에는 만만치 않지요.
이탈리아, 프랑스, 미국의 전형적인 브런치 메뉴들을
우리 입맛에 맞추어 우리 집 식탁으로 옮겨왔습니다.

한입에브런치 **PART 3**

스테디 메뉴로 차린 식탁
양식 브런치

선보성 양식 셰프의 가이드
양식 브런치의 핵심

MAIN 가벼운 수프부터 든든한 주식까지
양식 브런치의 메인메뉴는 선택의 폭이 넓습니다. 늦은 아침에 가볍게 먹기 좋은 따뜻한 수프와 토스트, 스크램블에그, 샐러드부터 피자, 파스타처럼 든든하게 챙기는 이른 점심식사까지 다양하지요.

SUB 서브메뉴로 영양 밸런스 유지
서브메뉴는 브런치 식탁의 영양 밸런스를 맞추는 메뉴로 구성합니다. 탄수화물과 단백질, 비타민 등 메인메뉴의 부족한 영양소를 서브메뉴로 보충해주지요.

SAUCE 육수 베이스의 소스 만들기
양식에서는 육류, 해산물, 면 등 주재료에 따라 소스의 베이스도 달라집니다. 닭육수, 조개육수, 채수 등 미리 육수를 만들어두면 소스 배합이 쉬워집니다.

DRINK 다양한 과일과 채소를 이용한다
프레시한 주스, 따뜻한 차, 와인… 브런치 식탁에 올리는 음료 대부분은 과일과 채소를 이용해 만들지요. 식욕을 돋우고 소화를 촉진시켜줍니다.

에그베네딕트

청포도모히또

콘슬로
샐러드

버섯피클

방울토마토샐러드

단호박크림수프

토마토가지부루스게타

이탈리아의 대표 메뉴인 부루스게타는 평평하게 자른 바게트에 마늘, 올리브유, 소금을 더한 요리입니다. 세계적으로 사랑을 받으면서 빵 위에 올리는 토핑도 점차 다양해지고 있지요. 전채요리이지만 브런치 메뉴로도 손색없어요. 핑거푸드로 즐길 수 있어 가벼운 파티요리로도 제격입니다.

바게트 1개, 가지 1/2개, 방울토마토 5개, 리코타치즈 20g, 파마산치즈 1/2큰술, 올리브유 1큰술, 소금·후춧가루 약간씩
마늘버터 소스 버터 2큰술, 다진 마늘 1/2큰술, 꿀·다진 파슬리 1작은술씩, 후춧가루 1/8작은술
토마토살사 소스 토마토 1개, 청피망·노랑 파프리카 1/2개씩, 양파 1/4개, 올리브유 1큰술, 식초 1/2큰술, 소금·후춧가루 1/8작은술씩

1. 달군 팬에 버터를 살짝 녹여 다진 마늘과 꿀, 다진 파슬리, 후춧가루를 섞어 마늘버터 소스를 만든다.
2. 소스용 토마토는 칼집내 끓는 물에 데쳐 찬물에 담가 껍질과 씨를 제거해 사방 0.5cm 크기로 썬다.
3. 청피망과 노랑 파프리카, 양파를 사방 0.5cm 크기로 썰어 볼에 넣고 ❷의 토마토와 올리브유, 식초, 소금, 후춧가루를 섞어 토마토살사 소스를 만든다.
4. 바게트를 1cm 두께로 잘라 ❶의 마늘버터 소스를 앞뒤로 발라 약한 불의 팬에서 바삭하게 굽는다.
5. 가지는 반 잘라 0.5cm 두께로 슬라이스해 올리브유, 소금, 후춧가루를 뿌려 팬에 굽는다. 방울토마토는 슬라이스한다.
6. ❹의 구운 바게트 위에 구운 가지와 방울토마토 슬라이스를 겹겹이 쌓고 토마토살사 소스와 리코타치즈, 파마산치즈를 올린다.

달콤하고 영양 가득한 단호박과 담백한 채수, 부드러운 생크림으로 수프를 끓입니다. 단호박은 한 번 볶아 끓이면 그 맛이 더욱 깊어진답니다.

단호박크림수프

단호박 1통(200g),
양파 1/4개,
대파 흰부분 1/8줄,
버터 1큰술,
소금 1/4작은술,
후춧가루 1/8작은술,
생크림 1/2컵
채수(2컵) 토마토 1개,
셀러리 1/2대,
단호박·양파 1/4개씩,
마늘 2쪽, 물 5컵

1. 채수용 토마토, 셀러리, 단호박, 양파, 마늘은 사방 2cm 크기로 잘라 냄비에 물을 붓고 30분간 약한 불에서 끓여 체에 밭친다.
2. 단호박은 껍질을 벗겨 쿠킹포일에 감싸 200℃로 예열한 오븐에서 20분간 굽는다.
3. 양파와 대파는 곱게 채썰어 버터를 두른 팬에서 약한 불로 색이 나지 않도록 볶는다.
4. ❸에 오븐에 구운 단호박을 함께 넣고 볶다가 채수를 부어 끓인다.
5. 믹서에 ❹와 생크림을 넣고 갈아 체에 걸러 소금과 후춧가루로 간해 따뜻한 그릇에 담는다.

단호박은 껍질을 벗겨 오븐에서 굽기

단호박을 오븐에 구울 때는 껍질을 모두 제거해야 속까지 잘 익습니다. 껍질이 너무 딱딱해 칼이 들어가지 않는다면 단호박을 전자레인지에서 1~2분 익혀주세요. 껍질이 쉽게 벗겨져요.

오전에 먹는 브로콜리는 우리 몸에 보약이지요. 면역력도 기르고 몸에 활력도 불어넣어줍니다. 오늘 아침엔 브로콜리로 끓인 따뜻한 수프로 하루를 시작하세요.

브로콜리수프

브로콜리 1/2개,
양파 1/4개, 버터 1큰술,
파마산치즈 1작은술,
소금 1/2작은술,
후춧가루 1/8작은술,
생크림 1/2컵
채수(2컵) 토마토 1개,
셀러리 1/2대,
브로콜리·양파 1/4개씩,
마늘 2쪽, 물 5컵

1. 채수용 토마토, 셀러리, 브로콜리, 양파, 마늘은 사방 2cm 크기로 잘라 냄비에 물을 붓고 30분간 약한 불에서 끓여 체에 밭친다.
2. 브로콜리는 심지를 제거하고 송이만 골라내 소금 1/4작은술을 푼 끓는 소금물에 살짝 데친 뒤 찬물에 담갔다 체에 밭친다.
3. 양파는 곱게 채썰어 버터를 두른 팬에서 약한 불로 색이 나지 않게 살짝 볶는다.
4. ❸에 데친 브로콜리를 익을 때까지 볶다가 채수와 생크림을 넣고 약한 불에서 끓인다.
5. 모두 익으면 소금 1/4작은술과 후춧가루로 간해 믹서에 곱게 간 뒤 체에 걸러 그릇에 담는다. 파마산치즈를 뿌려낸다.

브로콜리는 살짝 데쳤다가 볶아 넣어야

브로콜리는 데쳤다가 볶아야 색이 변치 않습니다. 양파와 브로콜리를 센 불에서 오래 볶으면 진한 갈색으로 변해 수프의 색깔도 어둡고 탁해집니다.

햄치즈프리타타

이탈리아식 오믈렛인 프리타타는 우리나라의 달걀찜과 비슷해 보이지만 생크림이 들어가서 더 부드럽고 고소하지요. 다양한 식재료를 넣기에 한 끼 식사로 충분합니다. 채소는 반드시 한 번 볶아 넣고 브로콜리는 끓는 소금물에 데쳐서 넣어주세요. 채소에서 수분이 많이 나오면 프리타타 표면에 기포가 생겨 식감도 떨어진답니다.

햄 50g, 체다치즈 3장, 양파·빨강 파프리카·브로콜리 1/4개씩, 올리브유 1큰술, 파슬리가루 1작은술, 소금 1/4작은술, 버터 약간
반죽 달걀 6개, 생크림 1/2컵, 빵가루 3큰술, 파마산치즈·소금·후춧가루 1작은술씩

1. 햄과 체다치즈, 양파, 빨강 파프리카는 사방 1cm 크기로 잘라 준비한다.
2. 브로콜리는 심지를 제거해 1cm 크기로 송이를 잘라 소금 1/4작은술을 푼 끓는 소금물에 살짝 데쳤다가 찬물에 식혀 물기를 제거한다.
3. 팬에 올리브유를 두르고 ❶의 햄과 양파, 빨강 파프리카를 볶는다.
4. 볼에 달걀을 풀고 생크림과 빵가루, 파마산치즈, 소금, 후춧가루를 섞어 반죽을 만든다.
5. 오븐 용기에 버터를 발라 내용물이 잘 떨어질 수 있게끔 코팅한다.
6. ❺에 볶은 햄과 채소, 데친 브로콜리를 넣고 ❹의 반죽을 부어 180℃로 달군 오븐에서 25분간 구워낸다.

게살새우타코

타코는 또띠아에 여러 가지 채소와 해산물을 싸서 먹는 멕시코의 대표 음식입니다. 살사 소스를 넣어 멕시코의 강한 매운맛을 느끼기 좋은 요리이지요. 기호에 따라 치킨이나 쇠고기 같은 육류로 재료를 바꿔 넣어도 좋습니다. 매운맛에 자신 없다면 멕시코의 매운 고추 할라페뇨의 양을 조절하세요.

또띠아 4장, 새우 10마리, 게맛살 10개(200g), 양상추 1/4통, 양파 1/2개, 할라페뇨 3큰술, 올리브유 약간
새우 양념 올리브유 1큰술, 케이준스파이스 1/2큰술, 핫소스 1작은술, 다진 마늘 1/2작은술
게살샐러드 드레싱 샤워크림 2큰술, 케이준스파이스 1/2큰술, 레몬즙·다진 파슬리 1작은술씩, 소금 1/4작은술, 후춧가루 1/8작은술
오렌지살사 소스 오렌지·토마토·아보카도·양파 1개씩, 빨강 파프리카·노랑 파프리카 1/2개씩, 올리브유 1큰술, 식초 1/2큰술, 레몬즙·다진 파슬리 1작은술씩, 소금 1/4작은술, 후춧가루 1/8작은술

1. 새우는 내장을 제거한 뒤 양념에 버무려 팬에서 익힌다. 양상추와 양파는 채썬다.
2. 볼에 재료를 섞어 게살샐러드 드레싱을 준비하고 게맛살을 찢어 넣고 버무려 게살샐러드를 만든다.
3. 소스용 오렌지와 토마토는 씨를 제거해 다지고 아보카도, 양파, 파프리카는 사방 1cm 크기로 썬다.
4. 볼에 ❸을 담고 남은 오렌지살사 소스 재료를 모두 섞어 소스를 만든다.
5. 또띠아는 기름을 두르지 않은 팬에서 앞뒤로 살짝 굽는다.
6. 또띠아 위에 채썬 양상추와 양파→할라페뇨→게살샐러드→❶의 새우→오렌지살사 소스를 순서대로 올려 손으로 돌돌 말아 올리브유를 두른 팬에서 노릇하게 익혀낸다.

감자튀김
P 098

대표적인 브런치 달걀 요리입니다. 간단해 보이지만 생각보다 만들기 쉽지 않지요. 홀렌다이즈 소스는 꼭 중탕을 해서 만들고 노른자가 익지 않도록 거품기로 잘 섞어주세요.

에그베네딕트

식빵 2개, 달걀 4개,
슬라이스햄 6장,
베이컨 8줄,
시금치 1/4단,
버터 1/2큰술
홀렌다이즈 소스
달걀노른자 2개,
버터 4큰술,
식초 1작은술,
소금 1/8작은술
수란 만드는 물
식초 1/2큰술, 물 5컵

1. 소스용 버터는 약한 불에서 중탕으로 녹인다.
2. 볼에 달걀노른자와 ❶의 버터, 식초, 소금을 넣고 거품기로 농도가 되직해지도록 섞어 홀렌다이즈 소스를 만든다.
3. 냄비에 물을 끓여 식초를 넣고 약한 불에서 달걀을 조심히 깨 넣어 5분간 익힌다. 달걀 표면 위에 뜨거운 물을 끼얹어 수란을 만든다.
4. 슬라이스햄과 베이컨은 5cm 길이로 썰어 버터 1/4큰술을 두른 팬에 굽는다. 시금치도 줄기를 제거해 볶는다.
5. 식빵은 원형틀로 지름 5cm 크기로 잘라 기름을 두르지 않은 팬에서 약한 불로 굽는다.
6. 구운 식빵에 남은 버터를 바르고 구운 슬라이스햄과 베이컨, 볶은 시금치, ❸의 수란을 올리고 홀렌다이즈 소스를 뿌린다.

버터와 달걀노른자는 거품기로 섞어야

홀렌다이즈 소스는 기름의 유화작용을 이용한 소스입니다. 중탕으로 녹인 버터를 달걀노른자에 조금씩 넣어가며 거품기로 섞어야 분리되지 않고 만드는 시간도 단축할 수 있습니다.

청포도모히또
P 100

콘슬로
샐러드
P 098

식빵을 파니니처럼 구워낸 샌드위치입니다. 샌드위치 속에 들어갈 채소를 미리 볶아 식혀두면 물이 흘러나오지 않아 샌드위치를 더 바삭하게 즐길 수 있답니다.

파니니투나샌드위치

식빵 2개,
통조림 참치 1캔(210g),
빨강 파프리카 · 노랑 파프리카 1/2개씩,
양파 1/4개, 양송이버섯 6개, 모짜렐라치즈 4큰술,
머스터드소스 2큰술,
올리브유 1작은술
소스 칠리소스 3큰술,
꿀 · 파슬리가루 1작은술씩,
소금 1/4작은술,
후춧가루 1/8작은술

1. 통조림 참치는 체에 밭쳐 손으로 꾹 눌러 기름기를 뺀다.
2. 파프리카, 양파, 양송이버섯은 곱게 다져 올리브유를 두른 팬에 살짝 볶아 식힌다.
3. 볼에 분량의 재료를 섞어 소스를 만든다.
4. ❷의 볶은 채소가 식으면 볼에 넣고 ❶의 참치, 소스와 버무린다.
5. 식빵은 테두리를 자른 뒤 머스터드소스를 바르고 ❹와 모짜렐라치즈를 올려 샌드위치를 만든다.
6. 팬을 은근하게 달궈 ❺를 올려 샌드위치 속 치즈가 녹을 때까지 앞뒤로 노릇하게 구워낸다.

통조림 참치의 기름기는 최대한 쏙 빼고 넣어야

참치는 체에 밭쳐 기름기를 꼭 제거해주세요. 참치의 기름기가 식빵에 흡수되면 빵이 눅눅하고 느끼해져요. 참치와 다른 재료들도 잘 섞이지 않는답니다.

푸실리샐러드

미니모둠피자

미니두부버거

스크램블에그
P 098

렌틸콩샐러드

볼록한 렌즈의 모양과 닮아 '렌즈콩'으로도 불리는 렌틸콩은 적은 양으로도 포만감을 느낄 수 있는 고단백 저칼로리의 다이어트 식품이지요. 인도에서는 밥과 함께 카레 등에 사용되고 유럽에서는 스튜나 샐러드, 볶음요리의 식재료로 활용됩니다. 렌틸콩을 요리에 넣을 때는 덜 익은 듯이 삶아주세요. 너무 푹 익히면 껍질이 벗겨져 음식이 지저분해져요.

렌틸콩 2컵, 토마토 1개, 빨강 파프리카·노랑 파프리카·당근·오이 1/2개씩, 셀러리 1/2대, 리코타치즈 1큰술, 다진 파슬리 1작은술, 소금 1/4작은술
레몬 드레싱 레몬즙 2큰술, 올리브유 4큰술, 소금 1/4작은술, 후춧가루 1/8작은술

1. 렌틸콩을 30분간 불려 소금 1/4작은술을 푼 끓는 소금물에 10분간 삶은 뒤 체에 밭쳐 물기를 제거한다.
2. 토마토는 끓는 물에 살짝 데쳐 찬물에 담갔다가 껍질을 벗겨 씨를 제거한 뒤 사방 0.5cm 크기로 자른다.
3. 파프리카, 당근, 오이, 셀러리도 토마토와 같은 크기로 썬다.
4. 볼에 레몬즙과 올리브유, 소금, 후춧가루를 섞어 레몬 드레싱을 만든다.
5. 볼에 삶은 렌틸콩과 썬 토마토, 파프리카, 당근, 오이, 셀러리, 레몬 드레싱을 넣고 버무린다.
6. 그릇에 담고 리코타치즈와 다진 파슬리를 올린다. 구운 난을 곁들이면 함께 먹기 좋다.

방울토마토
샐러드
P 098

이탈리아
시칠리아 지방의
전통음식인
아란치니는
바삭하고 고소한
맛이 일품이지요.
특별한 브런치를
맛보고 싶은
날 추천합니다.
피크닉
음식으로도
손색없습니다.

아란치니

밥 2공기(400g), 양파 1/4개, 양송이버섯 6개, 토마토 소스 3큰술, 올리브유 1큰술, 다진 파슬리 1작은술, 소금 1/2작은술, 후춧가루 1/4작은술, 모짜렐라치즈 1/2컵, 튀김용 기름 4컵
튀김옷 달걀물 3개분, 밀가루·빵가루 5큰술씩
사우전아일랜드 드레싱
마요네즈 1컵, 토마토케첩 1/4컵, 빨강 파프리카·노랑 파프리카·청피망·양파 1/4개씩, 오이피클 2큰술, 다진 파슬리 1작은술, 핫소스 1/2작은술

1. 드레싱용 파프리카, 청피망, 양파, 오이피클은 곱게 다져 남은 재료와 섞어 사우전아일랜드 드레싱을 만든다.
2. 양파와 양송이버섯은 곱게 다져 올리브유를 두른 팬에 볶는다.
3. ❷에 밥과 토마토 소스, 다진 파슬리, 소금, 후춧가루를 넣고 볶아 한김 식힌다.
4. ❸을 손에 쥐고 그 속에 모짜렐라치즈를 넣어 지름 3cm 크기로 동그랗게 만든다.
5. ❹에 밀가루, 달걀물, 빵가루 순서대로 튀김옷을 입혀 170℃로 달군 기름에 노릇하게 튀긴다.
6. 접시에 튀겨낸 아란치니와 사우전아일랜드 드레싱을 함께 담는다.

모짜렐라치즈는 볶음밥 속에 숨겨 넣어야

모짜렐라치즈는 볶음밥 속에 잘 숨겨 넣어주세요. 모짜렐라치즈가 표면으로 나오면 치즈가 기름에 녹아 내부에 빈 공간이 생겨서 아란치니 모양이 찌그러질 수 있어요.

> 꼬불꼬불한 나사 모양의 푸실리는 수많은 파스타면 중에서도 샐러드로 자주 활용되지요. 나선형 사이사이로 소스가 잘 묻어나 맛있습니다. 시원한 쿨 파스타와 잘 어울려요.

푸실리샐러드

푸실리 2컵,
빨강 파프리카 · 노랑 파프리카 · 청피망 1/2개씩,
양파 1/4개, 방울토마토 8개, 파마산치즈 2큰술,
다진 파슬리 1작은술
푸실리 삶기
올리브유 1/2작은술,
소금 1/8작은술, 물 5컵
드레싱 토마토 소스 4큰술,
올리브유 1큰술, 레몬즙 1/2큰술, 파마산치즈 1작은술, 소금 1/4작은술,
후춧가루 1/8작은술

1. 푸실리는 끓는 소금물에 8분간 삶아 올리브유에 버무려 냉장실에서 식힌다.
2. 파프리카, 청피망, 양파는 0.5cm 두께로 채썬다.
3. 방울토마토는 끓는 물에 살짝 데쳐 찬물에 담갔다가 껍질을 벗긴 뒤 4등분으로 자른다.
4. 볼에 분량의 재료를 넣고 섞어 드레싱을 준비한다.
5. ④에 삶은 푸실리와 채썬 파프리카, 청피망, 양파, 방울토마토를 넣고 잘 버무린다.
6. 접시에 담고 파마산치즈와 다진 파슬리를 올린다.

삶은 푸실리는 올리브유에 버무려 차갑게 식혀야

삶은 푸실리를 올리브유에 버무리면 서로 붙지 않지요. 이후 곧장 냉장실에 넣어 식혀주세요. 뜨거운 채 실온에 두면 면이 불어서 드레싱에 버무렸을 때 끊어질 수 있습니다.

블루베리에이드
P 101

버섯피클
P 098

갈릭버섯리조또

특별한 소스를 더하지 않아도 버섯과 갈릭의 향이 어우러져 식욕을 자극하는 요리입니다. 입맛에 맞춰 리조또의 농도를 조절하세요. 농도가 너무 뻑뻑하면 육수를 더 넣고 너무 묽으면 더 졸여서 원하는 점도를 맞추는 것이 포인트입니다.

리조또쌀(400g), 마늘 6쪽, 표고버섯 6개, 양송이버섯 8개, 양파 1/4개, 올리브유 2큰술,
다진 마늘 · 굴소스 1큰술씩, 파마산치즈 1/2작은술, 소금 1/4작은술, 후춧가루 1/8작은술, 식용유 1컵
<u>닭육수(10컵)</u> 닭 1/4마리, 양파 1/2개, 셀러리 1/2대, 대파 흰부분 1/3줄, 마늘 3쪽, 통후추 8알,
월계수잎 2장, 물 5컵
<u>리조또쌀 볶기</u> 다진 양파 1큰술, 버터 1/2큰술, 닭육수 9컵

1. 닭은 지방을 제거하고 냄비에 육수 재료를 더해 약한 불에서 30분간 끓여 체에 받친다.
2. 리조또쌀은 불렸다 물기를 제거해 버터를 두른 팬에 다진 양파와 볶는다. 닭육수 9컵을 조금씩 부어가며 끓여 쌀알이 80% 익었을 때 불을 끄고 식힌다.
3. 마늘은 얇게 슬라이스해 찬물에 담가 매운맛을 없앤 뒤 물기를 제거하고 170℃로 달군 식용유에서 노릇하게 튀겨낸다. 표고버섯과 양송이버섯은 얇게 슬라이스하고 양파는 다진다.
4. 팬에 올리브유를 넉넉히 두르고 다진 양파, 다진 마늘, 표고버섯, 양송이버섯을 순서대로 넣고 버섯이 갈색이 될 때까지 중간 불에서 충분히 볶는다.
5. ❹에 ❷의 볶은 리조또쌀과 굴소스를 넣어 볶다가 닭육수 1컵을 붓고 졸이듯 볶는다. 국물이 없어지면 소금, 후춧가루로 간해 그릇에 담는다.
6. 파마산치즈와 ❸의 튀긴 마늘을 함께 올려낸다.

레몬밀크티
P 101

아침에 부담
없이 먹기 좋은
오믈렛입니다. 자칫
느끼할수 있는 맛을
상큼한 토마토가
잡아주지요.
달걀은 1인분 기준
3개가 적당합니다.
생크림의 양에 따라
오믈렛의 식감을
조절할 수 있어요.

토마토치즈오믈렛

토마토 2개,
체다치즈 2장,
올리브유 2큰술,
다진 파슬리 1작은술,
소금·파마산치즈
1/2작은술씩
달걀물 달걀 6개,
생크림(또는 우유) 6큰술,
소금 1/4작은술,
후춧가루 1/8작은술

1. 달걀 6개를 생크림과 소금, 후춧가루를 넣고 풀어 체에 내린다.
2. 토마토는 끓는 물에 소금 1/2작은술을 넣고 살짝 데쳐 찬물에 식혀 물기를 제거한다. 4등분해 씨를 제거한 뒤 사방 1cm 크기로 썬다. 체다치즈는 사방 1cm 크기로 자른다.
3. 중간 불에서 올리브유를 두른 팬에 ❶을 붓고 반 정도 익으면 약한 불로 줄인다.
4. ❸의 달걀 지단 중앙에 ❷의 토마토와 체다치즈를 넣고 주걱으로 모양을 잡는다.
5. 오믈렛의 겉면이 노릇해지면 접시에 담는다. 취향에 따라 다진 파슬리와 파마산치즈를 뿌리거나 ❷의 잘게 썬 토마토를 올려도 좋다.

달걀물은 체에 내려야 오믈렛도 부드러워져

달걀물은 휘핑기를 이용해 풀고 꼭 체에 한 번 내려주세요. 달걀 껍질과 알끈이 제거되고 다른 재료와도 잘 섞여 부드러운 식감의 오믈렛을 만들 수 있습니다.

바질과 잣의 향이 어우러진 스파게티입니다. 강한 바질의 향을 치즈와 마늘이 중화시켜주지요. 토마토나 크림 소스로만 스파게티를 즐겼다면 색다른 맛의 바질페스토를 추천합니다.

바질페스토스파게티

스파게티면 140g,
다진 양파 1큰술,
다진 마늘 1/2큰술,
올리브유 2큰술,
파마산치즈 1작은술
채수(1컵 분량) 토마토 1개,
가지 1/2개, 양파 1/4개,
셀러리 1/4대, 마늘 2쪽,
월계수잎 2장, 물 5컵
바질페스토 바질잎
1/4컵(50g), 올리브유
3큰술, 잣·파마산치즈
1큰술씩, 다진 마늘·
레몬즙 1작은술씩
스파게티면 삶기 올리브유
1큰술, 소금 1/4작은술,
물 5컵

1. 채수용 토마토, 가지, 양파, 셀러리, 마늘은 사방 2cm 크기로 잘라 냄비에 물, 월계수잎과 넣고 약한 불에서 1시간 끓여 체에 밭친다.
2. 믹서에 올리브유를 제외한 분량의 바질페스토 재료를 모두 넣고 간 뒤 올리브유를 넣어가며 농도를 맞춘다.
3. 스파게티면은 끓는 소금물에 6분간 삶아 올리브유에 버무려 식힌다.
4. 팬에 올리브유를 두르고 다진 양파와 다진 마늘을 향이 우러나게 볶다가 ❷의 바질페스토와 채수 1/2컵을 넣어 섞는다.
5. ❹에 삶은 스파게티면을 섞어 접시에 담고 파마산치즈를 뿌려낸다. 좋아하는 채소 샐러드를 곁들인다.

바질페스토는 넉넉히 만들어 냉동보관

바질페스토의 재료가 너무 적으면 믹서에 잘 갈리지 않아요. 넉넉히 만들어서 사용하고 남은 바질페스토는 지퍼팩에 조금씩 나누어 냉동보관하세요.

칼로리 걱정 없이
맘껏 즐길 수 있는
브런치입니다.
고기로 만든
버거에 비해
식감도 부드럽고
식어도 퍽퍽해지지
않지요. 소화
흡수율이 좋아
아이 간식으로도
안성맞춤입니다.

미니두부버거

모닝빵 4개, 토마토 1개,
양상추 · 슬라이스치즈
2장씩, 올리브유 2큰술,
마요네즈 · 머스터드소스
1큰술씩, 소금 1/2작은술
두부 패티 두부 1모,
달걀노른자 1개,
양파 1/4개, 표고버섯
2개, 밀가루 · 빵가루
2큰술씩, 굴소스
1/2큰술, 다진 파슬리
· 올리브유 1작은술씩,
소금 1/2작은술,
후춧가루 1/4작은술

1. 두부는 칼등으로 으깨어 소금 1/2작은술을 뿌린 뒤 면보자기에 싸 물기를 제거한다.
2. ❶의 두부, 양파, 표고버섯을 다져 볼에 넣고 남은 재료를 한데 넣어 치대 지름 5cm, 두께 1cm의 두부패티를 만든다.
3. 팬에 올리브유를 둘러 ❷의 패티를 약한 불로 노릇하게 굽는다.
4. 토마토는 슬라이스하고 양상추와 슬라이스치즈도 두부 패티 크기로 자른다.
5. 모닝빵은 2등분해 팬에 살짝 구운 뒤 마요네즈와 머스터드소스를 1:1로 섞어 바른다.
6. 모닝빵 위에 양상추, 토마토, 슬라이스치즈, ❸의 구운 두부 패티 순으로 쌓고 다시 모닝빵을 덮어 완성한다.

**두부는 소금을 뿌린 뒤
면보자기에 싸서 수분 제거**

수분이 많은 두부는 꼭 물기를 짜서 반죽에 넣어주세요. 물기가 남아 있으면 패티 반죽이 질거나 쉽게 부서진답니다. 두부에 소금을 뿌리면 물기를 쉽게 제거할 수 있어요.

작은 사이즈의 피자는 브런치는 물론 온 가족 간식으로 좋지요. 밀가루를 반죽해 만드는 피자 도우 대신 간단하게 또띠아를 작게 잘라 만들어도 됩니다.

미니모둠피자

소시지 1/2개(30g),
방울토마토 3개,
빨강 파프리카 · 노랑
파프리카 · 청피망 ·
양파 1/4개씩, 바질잎
3장, 토마토 소스 ·
모짜렐라치즈 3큰술씩,
올리브유 2큰술,
소금 1/4작은술,
후춧가루 1/8작은술
피자 도우 밀가루 1컵,
우유 1/2컵, 소금 · 설탕 ·
생이스트 · 올리브유
1작은술씩

1. 볼에 피자 도우 재료를 넣고 반죽하여 발효시킨 뒤 부풀면 탁구공 크기(20g)로 나누어 냉장실에 보관한다.
2. ❶의 피자 도우를 지름 5cm, 두께 0.5cm 크기로 펴서 팬에 앞뒤로 살짝 구워 식힌다.
3. 소시지와 방울토마토는 슬라이스하고 파프리카, 청피망과 양파는 사방 0.5cm 크기로 썬다.
4. 올리브유를 두른 팬에 ❸의 파프리카, 청피망, 양파를 넣고 소금, 후춧가루로 간하여 센 불에 볶아 식힌다.
5. ❷의 피자 도우 위에 토마토 소스를 바르고 ❹와 모짜렐라치즈, 소시지, 방울토마토를 올려 220℃로 예열한 오븐에서 갈색이 날 때까지 굽는다. 접시에 담고 바질잎을 올린다.

**피자 도우 반죽은
발효 후 살짝 구워 사용**

피자 도우는 팬에서 앞뒤로 살짝 구워서 수분을 제거하고 사용해주세요. 팬에서 굽지 않고 오븐에 넣게 되면 피자 도우와 재료에서 수분이 함께 나와 눅눅해지고 모양이 찌그러지기 쉬워요.

샹그리아
P 100

가지라자냐

라자냐면이 없이 가지만을 이용해 간단하게 만든 라자냐 요리입니다. 탄수화물 섭취를 낮춰 다이어트 중에도 부담 없이 즐길 수 있지요. 라자냐는 오븐이 없어도 충분히 만들 수 있는데, 전자레인지에서 10분간 조리하면 된답니다. 모짜렐라치즈가 보글보글 끓고 치즈가 갈색이 될 때까지 익혀주세요.

가지 2개, 양파 1/4개, 양송이버섯·새송이버섯 6개씩, 마늘 1쪽, 버터·올리브유 2큰술씩, 다진 파슬리 1작은술, 소금 1/4작은술, 모짜렐라치즈 2컵
토마토 소스(1컵) 토마토 4개, 양파 1/2개, 다진 마늘 1큰술, 올리브유 2큰술, 소금 1/4작은술, 후춧가루 1/8작은술, 화이트와인 1/4컵

1. 소스용 토마토는 칼집내 끓는 물에 살짝 데쳐 껍질을 벗기고 8등분하고 양파는 다진다.
2. 냄비에 올리브유를 두르고 중간 불에서 다진 양파와 다진 마늘을 색이 날 때까지 볶는다.
3. ❷에 토마토와 화이트와인, 올리브유, 소금, 후춧가루를 넣고 볶다가 끓으면 약한 불로 20분간 타지 않게 졸여 식혀 토마토 소스를 만든다.
4. 양파와 양송이버섯, 새송이버섯, 마늘은 곱게 다져 볶아 ❸의 토마토 소스와 섞는다.
5. 가지를 길이대로 0.5cm 두께로 잘라 올리브유와 소금을 골고루 바른 뒤 팬에서 앞뒤를 노릇하게 구워 식힌다.
6. 오븐 용기에 버터를 발라 코팅한 뒤 ❹의 토마토 소스→구운 가지→모짜렐라치즈→❹의 토마토 소스→구운 가지→모짜렐라치즈 순서대로 반복해서 올려 180℃로 예열된 오븐에서 25분간 굽는다. 치즈가 갈색이 되면 꺼내 다진 파슬리를 뿌려낸다.

1 INFORMATION
양식 브런치 곁들임 메뉴

- 버섯피클
- 콘슬로샐러드
- 방울토마토 샐러드
- 감자튀김
- 스크램블에그

채소를 이용해 다양한 양식 곁들임 메뉴를 만들었습니다. 쓰임새 좋은 피클부터 즉석에서 버무리는 샐러드, 맛을 중화시키는 스크램블에그와 감자튀김 등 메인요리에 맞춰 사이드 메뉴를 준비해보세요.

스크램블에그

달걀 3개, 생크림(또는 우유) 2큰술, 올리브유 1/2큰술, 소금 1/4작은술, 후춧가루 1/8작은술

1. 볼에 달걀과 생크림을 섞어 체에 내린다.
2. 팬에 올리브유를 두르고 약한 불에서 ❶의 달걀물을 부어 젓가락으로 저어가며 익힌다.
3. 달걀이 80% 익었을 때 소금, 후춧가루로 간해 그릇에 담는다.

버섯피클

느타리버섯·백만송이버섯·양송이버섯 1줌씩, 로즈메리잎 1장
피클 물 설탕 1큰술, 소금 1/2작은술, 레몬즙 1/4작은술, 월계수잎 1장, 식초 1/2컵, 물 1컵

1. 느타리버섯, 백만송이버섯은 결대로 찢어주고, 양송이버섯은 반 가른다.
2. 냄비에 설탕, 소금, 레몬즙, 월계수잎, 식초, 물을 넣고 설탕이 녹을 때까지 끓인 뒤 차갑게 식힌다.
3. ❶을 소독한 용기에 담아 ❷의 피클 물을 붓고 로즈메리잎을 넣은 뒤 하루 동안 숙성시킨다.

콘슬로샐러드

통조림 옥수수 1컵, 양배추 1/8통, 빨강 파프리카·노랑 파프리카·청피망·당근·양파 1/4개씩, 다진 파슬리 1/2작은술
드레싱 마요네즈 2큰술, 레몬즙 1큰술, 머스터드소스·설탕 1작은술씩

1. 통조림 옥수수는 체에 밭쳐 물기를 제거한다.
2. 볼에 마요네즈, 레몬즙, 머스터드소스, 설탕을 섞어 드레싱을 만든다.
3. 양배추, 파프리카, 청피망, 당근, 양파는 사방 0.5cm 크기로 잘게 썬다.
4. 볼에 ❶❷❸을 담고 다진 파슬리와 버무려 그릇에 담는다.

방울토마토샐러드

방울토마토·대추토마토 10개씩, 크림치즈 4큰술, 소금 1/4작은술
드레싱 올리브유 1큰술, 소금 1/2작은술, 후춧가루 1/4작은술, 바질잎 3장

1. 방울토마토와 대추토마토를 소금 1/4작은술을 푼 끓는 소금물에 살짝 데친 뒤 찬물에 담가 껍질을 벗기고 물기를 제거해둔다. 소금물에 채소를 데치면 색이 선명해지고 단단해진다.
2. 크림치즈는 스푼을 이용해 방울토마토와 같은 사이즈로 동그랗게 만든다.
3. 볼에 올리브유와 소금, 후춧가루, 바질잎을 섞어 드레싱을 만든다.
4. ❸에 방울토마토, 대추토마토, 크림치즈를 넣어 버무린다.

감자튀김

감자 4개, 버터 2큰술, 소금 1/4작은술
양념 케이준스파이스 1큰술, 다진 파슬리·파마산치즈 1작은술씩, 소금 1/2작은술, 후춧가루 1/4작은술

1. 감자는 8등분으로 잘라 10분간 찬물에 담가 전분기를 제거한다.
2. ❶의 감자를 끓는 물에 소금 1/4작은술을 넣고 8분간 데쳤다가 식혀 물기를 제거한다.
3. 팬에 버터를 올려 약한 불에서 녹이고 ❷의 감자를 넣고 10분간 앞뒤로 익힌다.
4. 노릇하게 익은 감자에 케이준스파이스, 다진 파슬리, 파마산치즈, 소금, 후춧가루를 넣고 버무려 완성한다.

2 INFORMATION
양식 브런치 사이드 음료

흔히 양식 브런치에는 커피를 곁들이기 쉽지요. 이제부터 요리에 따라 음료를 매칭해보세요. 커피를 대신할 레몬밀크티부터 따뜻한 애플시나몬티, 와인향이 가득한 샹그리아, 그리고 모히또와 에이드까지… 브런치에 어울리는 다양한 음료를 소개합니다.

청포도모히또

청포도 1/2송이(100g), 라임(또는 레몬) 1/2개, 애플민트 20장(40g), 꿀 2큰술, 탄산수 2와1/2컵

1. 청포도는 알을 따로 떼어놓고 라임은 깨끗이 씻어 슬라이스해 준비한다.
2. 애플민트는 빻아 향을 내 슬라이스한 라임과 섞는다.
3. 용기에 ❷와 꿀, 탄산수를 붓고 섞어 모히또를 만든다. 완성된 모히또에 청포도 알을 띄운다.

샹그리아

와인 1/2병(375ml), 오렌지·사과·라임(또는 레몬) 1/2개씩, 꿀(또는 설탕) 6큰술, 탄산수 1컵

1. 오렌지와 사과, 라임은 반 갈라 씨를 제거하고 1cm 두께로 슬라이스한다.
2. 용기에 와인과 꿀을 섞고 ❶의 슬라이스한 과일을 섞는다.
3. ❷에 탄산수를 붓고 섞어 냉장실에서 하루 정도 숙성시킨다.

청포도모히또

샹그리아

레몬밀크티

홍차티백 2팩, 레몬 1/2개, 꿀 1작은술, 우유 1컵,
물 1/2컵

1. 레몬은 반 잘라 0.3mm 두께로 슬라이스한다.
2. 냄비에 물 1/2컵과 레몬 슬라이스를 넣고 끓인 후 홍차티백을 넣어 우린다.
3. ❷에서 홍차티백과 레몬 슬라이스를 건진 뒤 우유를 부어 데운다.
4. 꿀 1작은술과 레몬 슬라이스를 띄워낸다.

블루베리에이드

블루베리 1컵(200g), 설탕 5큰술, 레몬즙 1/2큰술,
탄산수 2컵

1. 블루베리를 믹서에 넣고 간다.
2. ❶에 설탕을 섞은 뒤 팬에서 국물이 없어질 때까지 졸여 블루베리청을 만든다.
3. 블루베리청을 컵에 넣고 탄산수를 부어 섞는다. 기호에 따라 레몬즙을 넣어 마신다.

애플시나몬티

사과 4개, 황설탕 2컵, 레몬즙 3큰술,
시나몬파우더 2큰술

1. 사과는 4등분해 얇게 슬라이스한다.
2. ❶의 사과 슬라이스에 황설탕과 시나몬파우더를 넣고 1시간 동안 재운다. 사과 1개당 설탕의 양은 100g이 적당하다.
3. 냄비에 ❷를 넣고 약한 불로 타지 않게 저어주면서 1시간 동안 졸여 사과청을 만든다. 국물이 다 졸여지면 불을 끈다.
4. 잔에 사과청을 2큰술 담고 레몬즙과 뜨거운 물 1컵과 섞어낸다.

블루베리 에이드

레몬밀크티

애플시나몬티

일본의 가정식은 맛부터 조리과정, 담음새까지 모두 간결하지요.
재료 본연의 맛을 내는 데 초점을 맞춘 식탁입니다.
그만큼 매일 건강한 식탁을 차릴 수 있지요.
일식 브런치 메뉴를 소개합니다.

한 입 에 브 런 치   **PART 4**

심플해서 더 빛나는 식탁
일식 브런치

김다영 일식 요리연구가의 가이드
일식 브런치의 핵심

MAIN 뿌리채소를 찌거나 굽거나 볶는다
일식 브런치 식탁에서 빠지지 않는 재료가 연근, 마, 우엉, 당근, 감자와 같은 뿌리채소예요. 주로 찌거나 구워서 소스를 곁들여 담백하게 섭취하는 걸 즐기지요. 밥을 지을 때도 뿌리채소를 즐겨 넣어요.

SUB 콩요리를 곁들인다
일식 식탁에는 콩을 활용한 요리가 자주 오르지요. 구운 두부, 낫또, 끓인 두부, 채소에 두부를 버무린 요리 등 다양합니다.

SAUCE 깨 소스, 간장 소스, 된장 소스
일식은 달콤짭조름한 음식들이 주를 이룹니다. 고소한 맛의 깨 소스는 두부, 양배추, 샤브샤브 등에 이용하고 간장 소스와 된장 소스는 샐러드, 각종 조림류, 볶음류 등에 많이 사용되어요.

DRINK 달콤함을 즐긴다
식후에 디저트를 즐기는 식문화가 있습니다. 주로 녹차, 팥, 유자를 이용하여 아이스크림, 푸딩, 양갱 등 일식만의 스타일로 달콤한 디저트를 만들어내지요.

생강채절임
P 128

모찌오꼬노미

키리모찌는 떡국이나 토스트, 오뎅탕 등에 넣어 먹는 일본의 건조 찹쌀떡이에요. 오늘은 키리모찌로 일본식 팬케이크인 오꼬노미를 만들었습니다. 키리모찌가 없다면 찹쌀떡을 이용해도 좋아요. 구운 모찌 위에 올린 가츠오부시의 살랑살랑 춤사위는 또 다른 즐거움입니다. 아이들 간식으로도 추천해요.

키리모찌 3개, 양배추 1장, 양파 1/4개, 슬라이스햄 3장, 올리브유 1큰술,
가츠오부시 · 오꼬노미 소스 · 마요네즈 2작은술씩, 모짜렐라치즈 1컵

1. 키리모찌는 도마에 세로로 세워 0.5cm 두께로 2등분해 전자레인지에 10초간 돌려 말랑하게 만든다.
2. 양배추와 양파, 슬라이스햄도 0.5cm 두께로 채썬다.
3. 달군 팬에 올리브유 1/2큰술을 둘러 채썬 양파와 슬라이스햄을 볶아 다른 그릇에 담는다.
4. 약중 불로 달군 팬에 올리브유 1/2큰술을 둘러 ❶의 키리모찌를 올리고 그 위에 모짜렐라치즈→볶은 양파와 슬라이스햄→양배추채→모짜렐라치즈를 순서대로 올린다.
5. ❹의 팬 뚜껑을 덮고 중간 불에서 4~5분 굽는다.
6. 키리모찌와 모짜렐라치즈가 녹으면 접시에 담아 오꼬노미 소스, 마요네즈, 가츠오부시를 순서대로 뿌려 완성한다.

감자오믈렛

달걀크레이프
생강채절임
양배추그릴샐러드

검은깨푸딩
P 130

바쁜 아침시간
간단하게 속을
채우고 싶을 때
찹쌀떡을 토스트로
활용해보세요.
노릇노릇 구운
찹쌀떡에 달콤한
꿀과 완두콩 앙금을
곁들이면 더욱
맛있어요.

모찌토스트

키리모찌 4개,
아보카도 1/2개, 꿀 2큰술,
올리브유 1작은술
완두콩 앙금 완두콩
200g(통조림 완두콩
1/2캔), 우유 1/2컵,
설탕 2큰술,
소금 1/2작은술

1. 앙금용 완두콩은 소금 1/2작은술을 푼 끓는 소금물에 삶아 체에 밭쳐 물기를 뺀다.
2. 삶은 완두콩을 믹서에 넣어 알맹이가 보이지 않을 정도로 곱게 갈아준다.
3. 냄비에 ❷의 완두콩, 우유, 설탕을 넣고 되직하게 끓인다.
4. 달군 팬에 올리브유를 두르고 약한 불에서 키리모찌를 4~5분 굽는다.
5. 접시에 구운 키리모찌를 올리고 그 위에 완두콩 앙금을 얹고 꿀을 뿌려 완성한다. 취향에 따라 아보카도나 과일 등을 얇게 슬라이스해 세팅한다.

**올리브유를 두른 팬에서
키리모찌 굽기**

키리모찌는 3분 정도 달군 팬에 올리브유 1작은술을 둘러 약한 불에서 구워주세요. 키리모찌는 두께가 도톰해 센 불에서 구우면 속까지 열 전도가 되지 않아 덜 익을 수 있습니다.

감자를 이용한 감자오믈렛을 만들었어요. 달걀에 우유를 넣어 보들보들한 식감을 살렸습니다. 감자 대신 버섯이나 베이컨을 넣어도 맛있는 오믈렛을 만들 수 있어요.

감자오믈렛

감자 1개,
아스파라거스 2대,
올리브유 1과1/2큰술,
버터 1/2큰술, 소금·
후춧가루 약간씩
달걀물 달걀 4개, 우유
4큰술, 청주 1/2작은술,
소금 1/4 작은술

1. 감자는 얇게 채썰어 물에 5분 정도 담가 전분을 뺀 뒤 물기를 제거한다.
2. 아스파라거스는 단단한 부분의 껍질을 벗겨 4cm 길이로 자른다.
3. 달군 팬에 올리브유 1큰술을 두르고 채썬 감자와 소금, 후춧가루를 넣고 볶다가 반쯤 익으면 아스파라거스를 넣어 볶는다.
4. 볼에 달걀과 우유를 넣고 휘핑기로 풀어 청주와 소금을 섞는다.
5. 달군 팬에 올리브유와 버터를 1/2큰술씩 넣어 버터가 녹으면 ❹의 달걀물을 한 번에 넣고 젓가락으로 고르게 휘젓다가 반숙 상태가 되면 불을 끈다.
6. ❺ 위에 ❸의 볶은 감자와 아스파라거스를 올리고 반 접어 완성한다.

달걀물은 한 번에 붓고 젓가락으로 저어 익혀야

오믈렛을 만들 때 달걀물은 한 번에 붓고 가장자리가 익기 시작하면 젓가락을 이용해 빠르게 저어주세요. 달걀물을 휘저으면서 익히면 사이사이에 공기가 들어가 오믈렛이 더 부드러워져요.

식빵에 주머니를 만들어 그 속에 재료를 넣은 샌드위치예요. 재료나 소스가 흘러내릴 걱정이 없어 손으로 들고 먹기 편하지요. 샌드위치 속은 상황에 맞게 바꿔보세요.

포켓샌드위치

통사각식빵 1개,
양상추 · 슬라이스햄
4장씩, 방울토마토 8개
달걀겨자마요 소스
삶은 달걀 2개, 마요네즈
· 홀그레인 머스터드
1큰술씩, 후춧가루
1/4작은술

1. 통사각식빵은 2.5cm 두께로 잘라 다시 가로로 2등분해 자른 부분 쪽에 칼집을 낸다. 달군 팬에 앞뒤로 노릇노릇 굽는다.
2. 양상추는 먹기 좋은 크기로 자르고 슬라이스햄은 한 장씩 넣기 편하게 접어둔다.
3. 방울토마토는 꼭지를 제거하고 슬라이스해 키친타월에 올려 물기를 뺀다.
4. 삶은 달걀을 으깬 뒤 마요네즈, 홀그레인 머스터드, 후춧가루를 섞어 달걀겨자마요 소스를 만든다.
5. 식빵의 칼집낸 안쪽 부분에 ❹의 소스를 바르고 준비한 양상추, 슬라이스햄, 방울토마토를 넣고 완성한다.

식빵 포켓을 만들 때는 2/3 깊이까지만 칼집 넣기

한 손으로 식빵을 잡고 칼의 앞부분으로 식빵 사이에 살살 칼집을 넣어주세요. 이때 칼집이 끝까지 들어가지 않도록 주의하세요. 2/3 깊이까지만 넣어야 소스가 밖으로 흐르지 않아요.

양배추는 사용하고 나면 항상 남는 식재료이지요. 버리지 말고 색다른 샐러드를 만들어보세요. 달달한 그릴양배추에 반숙 달걀을 터트려 카레 소스를 올리니 근사한 샐러드가 완성되었어요.

양배추그릴샐러드

양배추 1/4통(300g),
올리브유 1큰술,
소금·후춧가루
1/4작은술씩
카레 소스 방울토마토
12개, 양파 1/4개,
카레가루·꿀·
올리브유 1큰술씩

1. 소스용 방울토마토는 사방 1cm 크기로 자르고 양파는 곱게 다진다.
2. 달군 팬에 올리브유를 두르고 다진 양파를 볶다가 방울토마토, 카레가루, 꿀을 넣고 되직하게 볶아 카레 소스를 만든다.
3. 양배추 한 통을 4등분한 뒤 그중 1등분을 양배추의 심을 중심으로 잎들이 떨어지지 않도록 다시 세로로 2등분 한다.
4. 달군 팬에 올리브유를 둘러 양배추를 올려 소금과 후춧가루를 뿌려 간한다. 뚜껑을 덮고 중간 불에서 양면이 노릇노릇해지도록 3~4분 굽는다.
5. 접시에 구운 양배추를 담고 ❷의 카레 소스를 뿌려 완성한다. 수란과 곁들여도 좋다.

**양배추를 구울 때는
중간 불에서 뚜껑 덮기**

양배추를 그냥 구우면 속은 익지 않고 겉만 타버릴 수 있어요. 중간 불에서 팬에 뚜껑을 덮어 열이 밖으로 나가지 않게 노릇노릇 구워주세요. 너무 오래 구우면 양배추가 흐물해져 맛이 없어져요.

마우유
P 131

고구마조림
P 128

달걀크레이프

일본에서 크레이프는 인기 메뉴이지요. 유명한 크레이프 집에는 어김없이 사람들의 긴 줄이 이어집니다. 반죽도 속재료도 맛집마다 각양각색이지요. 오늘은 핫케이크와 달걀, 우유를 섞어 반죽을 만들었습니다. 속재료는 아보카도와 양상추, 당근 등의 채소를 조리 없이 그대로 넣었지요. 잘 익은 아보카도의 부드럽고 고소한 맛이 와사비마요 소스와 어우러져 입안에 향이 가득해집니다.

아보카도 1개, 양상추 6장, 당근 1/4개, 피클조각 12개, 올리브유 1큰술
크레이프 반죽 달걀 2개, 핫케이크가루 6큰술, 우유 1컵
와사비마요 소스 와사비 1/2작은술, 마요네즈 2큰술, 간장·꿀 1작은술씩

1. 볼에 달걀을 풀어 휘핑기로 노른자가 완전히 풀릴 때까지 젓다가 우유를 섞고 핫케이크가루를 더해 가루 덩어리가 없을 때까지 섞어 크레이프 반죽을 만든다.
2. 아보카도는 반 갈라 껍질과 씨를 제거하고 과육만 0.5cm 폭으로 어슷썬다. 아보카도는 과육과 씨가 잘 분리되어야 충분히 숙성된 것이다.
3. 양상추는 찬물에 헹궈 물기를 제거하고 당근은 5cm 길이로 얇게 채썬다.
4. 볼에 분량의 재료를 섞어 와사비마요 소스를 만든다.
5. 달군 팬에 올리브유를 둘러 키친타월로 닦아 팬을 코팅한다. ❶의 반죽을 한 국자씩 넣고 팬을 돌려가며 반죽을 얇게 펴 약한 불에서 3~5분 굽는다.
6. 노릇노릇 구워진 크레이프에 와사비마요 소스를 바르고 양상추, 당근채, 피클, 아보카도를 넣고 말아 완성한다.

고구마죽

숙주오이무침

채소해장라면

담백야끼소바

천도복숭아
재스민아이스티
P 130

채소해장라면

술 마신 다음날이면 어김없이 얼큰한 국물을 찾게 되지요. 자극적이지 않으면서 술독을 해결할 수 있는 라면을 소개합니다. 양배추와 숙주가 들어가 속도 풀어주고 해독도 시켜주니 일석이조예요. 숙주 대신 콩나물을 사용해도 괜찮아요. 매콤한 향을 좋아한다면 마지막에 통후추를 갈아서 넣으세요. 매콤한 후추의 향이 식욕을 자극합니다.

라면사리 2봉지(220g), 닭다리정육 200g, 양배추 1/8통(200g), 당근 1/3개, 숙주 2줌(100g), 통조림 옥수수 3큰술, 액상 치킨스톡 2와1/2큰술, 소금·후춧가루 1/4작은술씩, 물 6컵

1. 닭다리정육은 껍질을 벗겨 살에 붙어 있는 기름기를 잘라낸 뒤 흐르는 물에 씻어 물기를 빼고 한입크기로 자른다.
2. 양배추와 당근은 길이는 5cm, 폭 1cm 크기로 썬다.
3. 숙주는 꼬리를 떼고 씻어 체에 밭쳐 물기를 뺀다.
4. 냄비에 액상 치킨스톡과 물 6컵을 부어 한소끔 끓인다.
5. ❹의 냄비에 손질한 닭다리정육과 먹기 좋게 자른 양배추, 당근을 넣어 보글보글 끓인다.
6. 한소끔 끓으면 라면사리와 통조림 옥수수, 숙주를 넣어 끓이다 소금과 후춧가루로 간한다. 숙주를 아삭하게 즐기고 싶다면 불 끄기 직전에 숙주를 넣고 숨만 죽여 먹어도 좋다.

특별한 면요리가
생각나는 날
추천해요.
야끼소바면 대신
라면사리를 넣으면
야끼라면, 우동면을
넣으면 야끼우동이
되지요. 해물과
청양고추를 넣으면
매콤해물야끼
소바를 만들 수
있어요.

담백야끼소바

야끼소바면 300g,
삼겹살 100g,
숙주 1줌(50g),
당근 1/6개, 양배추
2장, 올리브유 2큰술,
생강채절임 1큰술
삼겹살 밑간
청주 1/2큰술, 소금·
후춧가루 1/4작은술씩
소스 우스터소스(또는
돈가스소스) 4큰술, 쯔유
2큰술, 토마토케첩·설탕
1큰술씩, 맛술 1/2큰술

1. 야끼소바면은 손으로 살살 뭉침을 풀어 올리브유 1큰술을 두른 달군 팬에서 젓가락으로 면을 풀어가며 볶는다.
2. 삼겹살은 1cm 길이로 잘라 밑간에 재운다.
3. 숙주는 손질하고 당근과 양배추는 길이 5cm, 폭 1cm로 썬다.
4. 볼에 우스터소스, 쯔유, 토마토케첩, 설탕, 맛술을 넣고 설탕이 녹을 때까지 섞어 소스를 만든다.
5. 달군 팬에 올리브유 1큰술을 두르고 밑간한 삼겹살을 볶다가 당근, 양배추를 넣어 볶는다.
6. ❺의 팬에 ❶의 볶은 야끼소바면과 소스, 숙주를 넣고 볶아 접시에 담은 뒤 생강채절임을 얹어낸다.

뭉친 면은 손으로 비벼 풀어 볶아야 꼬들꼬들해져

보통 사리면은 압축 포장되어 면이 뭉쳐 있지요. 그대로 사용하면 잘 풀어지지 않고 끊어지는 경우가 생깁니다. 손으로 비벼 풀어서 볶거나 끓는 물에 2분간 데쳐서 사용하세요.

유자에이드
P 131

주말 아침 각종 채소를 넣은 카레우동을 만들어보세요. 때마침 먹다 남은 카레가 있다면 더없이 좋지요. 단무지를 매콤하게 무쳐 곁들이면 오독오독 씹히는 맛이 카레와 잘 어울린답니다.

샤브샤브카레우동

우동면 400g,
돼지고기 샤브샤브용
150g, 양파 3/4개,
당근 1/4개, 우엉
1개(10cm), 유부 5개,
카레가루 7큰술, 쯔유
2큰술, 올리브유 1큰술
가츠오다시
가츠오부시 1컵, 다시마
5×5cm 6장, 물 4와1/2컵

1. 냄비에 물과 다시마를 넣고 한소끔 끓으면 다시마를 건지고 불을 끈 뒤 가츠오부시를 넣고 5분 정도 우려 체에 밭쳐 거른다.
2. 양파, 당근, 우엉은 5cm 길이로 채썰고 유부는 1cm 폭으로 자른다.
3. 달군 냄비에 올리브유를 둘러 양파채를 볶다가 샤브샤브용 돼지고기, 당근, 우엉, 유부를 넣어 볶는다.
4. ❸에 체에 밭친 ❶의 가츠오다시와 카레가루, 쯔유를 넣고 끓인다.
5. 끓는 물에 우동면을 2분간 데친다.
6. 그릇에 우동면을 담고 완성된 ❹의 카레를 담아 완성한다.

가츠오부시는 불을 끄고 우렸다가 체에 밭쳐야

가츠오부시를 넣고 계속 끓이면 쓰고 텁텁한 맛이 나기 쉬워요. 불을 끄고 5분 정도 우린 뒤 걸러주세요. 육수의 맛을 최대한 빼려고 꼭 짜면 오히려 육수가 탁해져요.

민트사과차
P 131

채소
마카로니
샐러드
P 128

바삭연어구이

부드럽고 달콤한 연어구이로 브런치를 차려보면 어떨까요? 연어에 빵가루를 묻혀 구우면 겉면은 마치 연어튀김처럼 바삭하고 속은 부드럽게 연어살이 입에서 녹지요. 연어를 뒤집지 않고 뜨거운 기름을 뿌려가며 노릇노릇 굽는 것이 포인트예요. 직접 만든 타르타르 소스를 곁들이면 레스토랑에서 먹는 연어스테이크도 부럽지 않아요.

밥 2공기, 연어 2토막(240g), 빵가루 10큰술, 파슬리가루·올리브유 1큰술씩, 버터 1/2큰술
연어 밑간 레몬즙 1/2큰술, 소금·후춧가루 1/4작은술씩
타르타르 소스 달걀 2개, 마요네즈 2큰술, 다진 파·쯔유 1큰술씩

1. 연어는 껍질에 비늘이 있는지 확인하고 모두 제거한다. 연어살 사이사이의 가시를 발라낸 뒤 레몬즙과 소금, 후춧가루로 밑간하여 10분간 재운다.
2. 소스용 달걀은 15분간 삶아 껍질을 벗겨 사방 0.3cm 크기로 잘게 다진다.
3. 볼에 다진 달걀과 다진 파를 섞은 뒤 마요네즈와 쯔유를 더해 타르타르 소스를 만든다.
4. 빵가루와 파슬리가루를 한데 섞어 ❶의 밑간한 연어의 앞뒷면에 고루 묻힌다.
5. 달군 팬에 올리브유와 버터를 두르고 ❹의 연어를 껍질 면이 아래로 향하도록 올린다. 중간 불에서 팬에 녹아내린 올리브유와 버터의 뜨거운 기름을 뿌려주면서 노릇노릇 굽는다.
6. 접시에 밥, 구운 연어, 타르타르 소스를 담아낸다.

산속의 장어라
불리는 마를
노릇하게 구워
샐러드에
활용해보세요.
마의 고소함과
요구르트 드레싱의
새콤함이 어우러져
색다른 맛을 냅니다.
와인과 곁들이는
안주로도
좋아요.

구운 마샐러드

마 100g,
사과·까망베르치즈
1/4개씩, 쌈채소 1줌,
어린잎채소 1/2줌(25g),
올리브유·참기름
1/2큰술씩
사과 담금물
설탕 1/2큰술, 물 1컵
요구르트 드레싱
플레인요구르트 1개
(80g), 꿀 1큰술,
레몬즙 1/2큰술

1. 마는 껍질을 벗겨 1cm 두께로 잘라 달군 팬에 올리브유와 참기름을 둘러 굽는다.
2. 사과는 씨를 제거하고 껍질째 세로로 2등분한 뒤 얇게 편썰어 사과 담금물에 5~10분 담가둔다.
3. 원형의 까망베르치즈는 4등분해 0.2cm 두께로 자른다.
4. 쌈채소와 어린잎채소는 흐르는 물에 씻어 물기를 뺀다. ❷의 사과도 건져 물기를 뺀다.
5. 볼에 플레인요구르트와 꿀을 섞고 레몬즙을 조금씩 넣어가며 드레싱을 만든다.
6. 접시에 쌈채소와 어린잎채소, 구운 마, 사과, 까망베르치즈를 올리고 요구르트 드레싱을 뿌려낸다.

사과는 설탕물에 담가야 변색되지 않아

자른 사과를 설탕물에 담가주면 공기 중의 산소와 접촉되는 것을 막아 변색을 방지할 수 있어요. 설탕물 대신 시럽, 레몬즙, 소금 등을 이용해도 좋아요.

담백한 브런치를
원하는 분에게
추천해요. 채소의
담백함과 단맛을
그대로 느낄 수
있지요. 양배추,
배추, 단호박,
감자, 버섯도 함께
쪄보세요. 소량의
소금을 솔솔 뿌려
찌면 간도 되어요.

채소찜과 현미밥

밥 2공기(400g),
고구마 2개(200g),
브로콜리·당근·양파
1/2개씩, 소금 1/4작은술
검은깨 소스 검은깨·
마요네즈 2큰술씩,
우유 1큰술,
꿀·레몬즙 1작은술씩,
소금 1/4작은술

1. 고구마는 껍질째 1cm 두께로 잘라 한입크기로 썬다.
2. 브로콜리는 송이송이 자르고 당근과 양파는 한입크기로 자른다.
3. 김이 오른 찜솥에 고구마, 당근을 넣고 소금을 뿌려 중간 불에서 6~8분 찐다. 80% 정도 익으면 브로콜리와 양파를 넣고 2분 정도 더 찐다.
4. 믹서에 검은깨를 곱게 간 뒤, 마요네즈, 꿀, 레몬즙, 소금을 섞은 뒤 우유를 넣어가며 농도를 조절해 검은깨 소스를 만든다.
5. 접시에 찐 채소와 밥을 담고 검은깨 소스를 곁들여낸다.

말랑한 채소는 김이 오른 찜솥에서 살짝 찌기

채소는 단단한 정도에 따라 익는 시간이 다르지요. 단단한 채소와 부드러운 채소를 처음부터 같이 찌면 부드러운 채소가 흐물흐물해집니다. 단단한 채소가 80% 이상 익었을 때 넣어주세요.

당근참치
샐러드
P 128

비타민이 풍부한 단호박과 감자, 당근, 양파 등 여러 채소로 만든 건강 수프예요. 캐슈너트와 호박씨로 심심한 수프에 식감을 살렸지요. 두유 대신 우유를 넣어도 고소해요.

단호박두유수프

단호박 1/3통(250g),
감자 1/3개, 당근 1/4개,
호박씨 2큰술, 캐슈너트·
다진 양파·올리브유
1큰술씩, 소금 1/2작은술,
두유 1컵, 물 1과1/2컵

1 단호박은 껍질째, 감자는 껍질을 벗겨 사방 1.5cm 크기로 썬다. 당근은 곱게 다진다.
2. 달군 냄비에 올리브유를 두르고 다진 양파를 넣고 볶는다.
3. 양파가 색이 나면 ❶의 단호박, 감자, 다진 당근과 호박씨, 캐슈너트, 소금 약간을 넣고 볶는다.
4. ❸에 물 1과1/2컵을 부어 10~15분 끓인 뒤 주걱으로 젓다가 물이 자작해지고 단호박과 감자가 흐물흐물해지면 두유 1컵을 붓고 소금 간해 5분간 더 끓인다.
5. 버터, 설탕, 카레가루를 섞어 바게트에 발라 구워내 함께 곁들여도 좋다.

**채소는 작게 잘라
먼저 볶다가 끓이기**

단호박, 감자처럼 단단한 채소를 통으로 넣고 수프를 끓이면 조리시간이 너무 오래 걸리지요. 1~1.5cm로 작게 잘라 볶다가 수프를 끓이면 조리시간도 단축되고 재료의 단맛도 살아난답니다.

숙주오이무침
P 128

따뜻한 한 그릇이
그리울 때는 죽만
한 게 없지요.
달콤한 고구마를
큼직하게 썰어
넣어 마치 부드러운
고구마밥을 먹는
기분이 들어요.
찬밥을 활용해도
좋습니다.

고구마죽

쌀 1/2컵,
고구마 1개(100g),
소금 1/4작은술, 물 3컵
검은깨 소금
검은깨 3큰술,
소금 1작은술

1. 쌀은 씻어서 30분간 불린다.
2. 고구마는 껍질째 원형 모양 그대로 1cm 두께의 한입크기로 자른다.
3. 검은깨와 소금은 각각 볶아 식혀 미니절구에 넣고 갈아준다.
4. 냄비에 불린 쌀, 한입크기로 자른 고구마, 소금, 물을 넣고 중간 불에서 10분간 끓인다.
5. 쌀이 퍼지기 시작하면 약한 불에서 주걱으로 고구마가 으스러지지 않게 저어가며 끓인다.
6. 쌀이 고루 퍼지고 고구마가 익으면 그릇에 담고 검은깨 소금을 뿌려낸다.

**소금부터 으깨고
검은깨를 넣고 섞기**

깨는 기름기가 많아서 절구에서 강하게 으깨면 기름 성분이 나오면서 뭉쳐버릴 수 있어요. 절구에 볶은 소금을 먼저 넣고 곱게 으깬 뒤 볶은 검은깨를 넣어 부드럽게 갈아야 잘 섞여요.

알 품은 유부주머니

유부 안에 메추리알, 당근, 양파, 베이컨을 넣어 졸여주면 달걀찜처럼
폭신폭신해져 브런치로 먹기 좋습니다. 아이들 반찬이나 소풍 도시락
메뉴로도 추천해요. 남은 나물 반찬이나 치즈를 넣어도 맛있답니다.
유부는 반드시 사각 모양의 조리용을 사용해야 속재료가 빠져나오지 않아요.

사각유부 4개, 메추리알 8개, 양파 1/5개, 당근 1/10개, 베이컨 1줄,
파슬리가루 1/2작은술, 이쑤시개 4개
조림물 물 1과1/2컵, 다시마 5×5cm 1장, 간장·설탕 1큰술씩, 미림 1/2큰술

1. 사각유부는 끓는 물에 30초 정도 데쳐 찬물에 헹군 뒤 체에 밭쳐 물기를 뺀다.
2. 사각유부의 한쪽 면을 칼이나 가위를 이용하여 0.5cm 정도 잘라 속재료를 넣을 주머니를 만든다.
3. 양파와 당근, 베이컨은 모두 곱게 다진다.
4. ❷의 사각유부 주머니 속에 메추리알 2개를 깨서 넣고 ❸의 다진 재료와 파슬리가루 1/4작은술을 넣는다.
5. 재료를 넣은 사각유부를 복주머니 모양으로 접어가며 이쑤시개로 고정시킨다.
6. 냄비에 ❺와 조림물을 넣은 뒤 10~15분 졸여 완성한다.

1 INFORMATION
일식 브런치 곁들임 메뉴

채소마카로니샐러드
고구마조림
생강채절임
당근참치샐러드
숙주오이무침

일본 식탁에 오르는 반찬들은
조림, 무침, 샐러드가 주를
이룹니다. 간장과 깨, 된장으로
맛낸 어디에 내놓아도 튀지 않을
메뉴들이지요. 식탁의 주인공이
되기보다 각자 제자리를 지키는
느낌의 메뉴들입니다.

숙주오이무침

오이 1개, 숙주 1줌(50g), 소금 1큰술, 참깨 1작은술
양념 쯔유 1작은술, 소금 1/4작은술

1. 오이는 가시 부분을 제거한 뒤 얇게 어슷썰어 볼에 담고 소금 2/3큰술에 10~15분 재운다.
2. 숙주는 끓는 물에 소금 1/3큰술을 넣고 20~30초 데쳤다가 찬물에 헹궈 물기를 뺀다.
3. ❶의 절인 오이를 물에 헹궈 물기를 꼭 짠다.
4. 볼에 쯔유와 소금을 섞고 절인 오이, 데친 숙주를 버무려 참깨를 뿌린다.

채소마카로니샐러드

마카로니 1/2컵, 단호박 1/8통(100g), 감자 1개,
브로콜리 1/2개, 양파 1/4개, 올리브유 1큰술,
소금 1/2큰술
드레싱 마요네즈 1큰술, 머스터드소스 2작은술,
꿀 1작은술

1. 단호박과 감자는 껍질째 한입크기로 잘라 김 오른 찜통에 찐다.
2. 브로콜리는 밑동을 제거해 한입크기로 자른다.
3. 양파는 채썰어 찬물에 10분간 담가 매운맛을 제거하고 체에 밭쳐 물기를 뺀다.
4. 끓는 물에 소금을 넣고 브로콜리를 30초 정도 데쳐 꺼낸 뒤 마카로니를 넣어 12분간 삶는다.
5. 볼에 마요네즈, 머스터드소스를 섞은 뒤 꿀을 섞어 드레싱을 만든다.
6. ❺에 찐 단호박과 감자, 데친 브로콜리, 양파채, 삶은 마카로니를 넣고 살살 섞어 완성한다.

고구마조림

고구마 3개(300g), 캐슈너트 4큰술
양념 설탕 3큰술, 간장·청주 2큰술씩, 꿀 1큰술,
물 1컵

1. 달군 팬에 캐슈너트를 살살 볶는다.
2. 고구마는 껍질째 3cm 길이의 한입크기로 썬다.
3. 냄비에 고구마와 양념을 넣고 뚜껑을 덮고 졸인다.
4. 고구마가 3/4쯤 익으면 볶은 캐슈너트를 넣고 5분 정도 졸여 완성한다.

생강채절임

햇생강 10톨(500g), 비트 1/10개
단촛물 현미식초 3/4컵, 설탕 5와1/2큰술,
소금 1작은술, 물 1/2컵

1. 냄비에 현미식초, 설탕, 소금, 물을 넣고 단촛물을 끓여 한김 식힌다.
2. 생강과 비트는 껍질을 제거하고 얇게 채썬다.
3. 생강채를 끓는 물에 30초간 데쳤다가 체에 밭쳐 수분을 제거한 뒤 소독한 용기에 담는다.
4. ❸에 한김 식힌 단촛물과 비트채를 넣고 15일 정도 숙성시켜 먹는다.

당근참치샐러드

당근 1/2개, 통조림 참치 1캔
소스 양파 1/2개, 버터 2×2cm 1조각, 설탕 1큰술,
카레가루 1작은술, 식초 1/2작은술

1. 당근과 양파는 같은 굵기로 가늘게 채썬다.
2. 참치는 체에 밭쳐 기름기를 제거한다.
3. 달군 팬에 버터와 설탕을 넣고 설탕을 녹인다.
4. ❸의 팬에 양파채를 넣고 볶다가 연한 갈색이 되면 카레가루와 식초를 섞어 소스를 만든다.
5. ❹의 소스에 당근채와 참치를 넣고 버무린다.

2 INFORMATION
일식 브런치 사이드 음료

디저트의 나라 일본은 식탁에 올리는 음료 또한 다양합니다. 우롱차와 녹차는 기본, 푸딩부터 차, 에이드, 아이스티까지 일식 브런치 식탁의 음료를 만나봅니다.

천도복숭아재스민아이스티
천도복숭아 2개(400~410g), 재스민티백 1개, 설탕 3큰술, 찬물 3컵
식초물 식초 1작은술, 물 5컵

1. 천도복숭아는 식초물에 씻어 씨를 제거하고 과육은 8등분으로 자른다.
2. 병에 재스민티백과 찬물 3컵을 붓고 30분 정도 옅게 우려낸다. 재스민티백을 너무 진하게 우리면 복숭아의 향을 느끼기 어렵다.
3. 믹서에 ①의 천도복숭아, 설탕, ②의 재스민티백 우린 물을 넣고 갈아 완성한다. 설탕 양은 과일의 당도에 따라 조절한다.

검은깨푸딩
코코넛밀크 3/4컵, 볶은 검은깨·꿀 2큰술씩, 젤라틴가루 1작은술, 물 1/2작은술

1. 볶은 검은깨는 믹서로 곱게 간다.
2. 젤라틴가루는 물 1/2작은술을 넣고 불린다.
3. 냄비에 ①의 검은깨가루와 코코넛밀크, 꿀을 섞어 중간 불에서 나무주걱으로 저어가며 끓인다.
4. 작게 보글보글 거품이 나면 ②의 불린 젤라틴가루를 섞어 용기에 담아 냉장실에서 15분 정도 굳혀 완성한다.

천도복숭아재스민아이스티

검은깨푸딩

마우유

마 10cm(160g), 우유 2컵, 꿀 2큰술

1. 마는 위생장갑을 끼고 껍질을 벗기고 적당한 크기로 썰어 준비한다.
2. 믹서에 마, 우유, 꿀을 넣고 간다. 부드러운 목넘김을 원한다면 곱게 갈고, 마의 식감을 느끼고 싶다면 입자가 보이도록 간다.

민트사과차

사과 2개(360~400g), 애플민트 10장, 설탕 2큰술, 물 4컵
식초물 식초 1작은술, 물 5컵

1. 사과는 식초물에 담가 씻어 씨를 제거하고 얇게 편으로 썰어 설탕에 버무린다. 설탕 양은 과일의 당도에 따라 조절한다.
2. 냄비에 ❶의 사과와 물 4컵을 붓고 중간 불에서 20분간 끓인다.
3. 사과가 무르면 애플민트를 넣고 3분 정도 끓여 완성한다.

유자에이드

유자청 6큰술, 탄산수 1병(500ml), 각얼음 10개
유자청 유자 5개(500g), 설탕 2와1/2컵
식초물 식초 1작은술, 물 5컵

1. 유자는 식초물에 씻어서 0.5cm 두께로 채썰고 씨는 뺀다.
2. 볼에 ❶의 유자채를 담고 분량의 설탕을 넣어 섞은 뒤 소독한 용기에 담는다.
3. 하루에 한 번씩 저으면서 설탕을 녹여주고 1~2개월 이상 숙성시킨다.
4. 컵에 ❸의 유자청 6큰술, 탄산수 500ml, 각얼음을 살살 섞어낸다.

당신을 위한 스페셜 메뉴

한입에 브런치

2023년 5월 1일 3쇄 발행

요 리	//	박건영(중식) · 김봉경(한식) · 선보성(양식) · 김다영(일식)
요리 스타일링	//	박현희
스타일링 어시스트	//	송미리
사 진	//	박영하 (여름.夏 스튜디오)
디자인	//	eightball studio
교정·교열	//	고영숙
펴낸이	//	문영애
펴낸곳	//	수작걸다
주 소	//	경기 용인시 수지구 동천로 64
이메일	//	suzakbook@naver.com
인스타그램	//	@suzakbook
출력·인쇄	//	도담프린팅

값 8,800원

ISBN 978-89-6993-013-2 14590

이 책은 저작권법에 따라 보호받는 저작물이므로 무단 전재와 무단 복제를 금지하며,
이 책 내용의 전부 또는 일부를 이용하려면 반드시 저작권자와 수작걸다의 서면 동의를 받아야 합니다.
* 인쇄 및 제본에 이상이 있는 책은 바꾸어 드립니다.

www.fontanastyle.com

맛으로 떠나는 이탈리아 여행
Italian Gourmet Travel

폰타나 파스타소스

- 이탈리아 각 지역별 레시피를 그대로 담아낸 정통 파스타소스
- 서양식 육수(치킨 스톡)와 '루(Roux)'방식으로 만들어 깊고 진한 맛
- 신선한 재료를 듬뿍 넣어 더욱 풍부한 맛